~ 미래와 통하는 책 ~

동양북스 외국어
베스트 도서

700만 독자의 선택!

새로운 도서,
다양한 자료
동양북스
홈페이지에서
만나보세요!

www.dongyangbooks.com
m.dongyangbooks.com

※ 학습자료 및 MP3 제공 여부는 도서마다 상이하므로 확인 후 이용 바랍니다.

홈페이지 도서 자료실에서 학습자료 및 MP3 무료 다운로드

PC

❶ 홈페이지 접속 후 도서 자료실 클릭
❷ 하단 검색 창에 검색어 입력
❸ MP3, 정답과 해설, 부가자료 등 첨부파일 다운로드

* 원하는 자료가 없는 경우 '요청하기' 클릭!

MOBILE

* 반드시 '인터넷, Safari, Chrome' App을 이용하여 홈페이지에 접속해주세요. (네이버, 다음 App 이용 시 첨부파일의 확장자명이 변경되어 저장되는 오류가 발생할 수 있습니다.)

❶ 홈페이지 접속 후 ☰ 터치

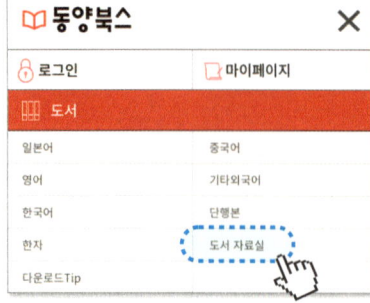

❷ 도서 자료실 터치

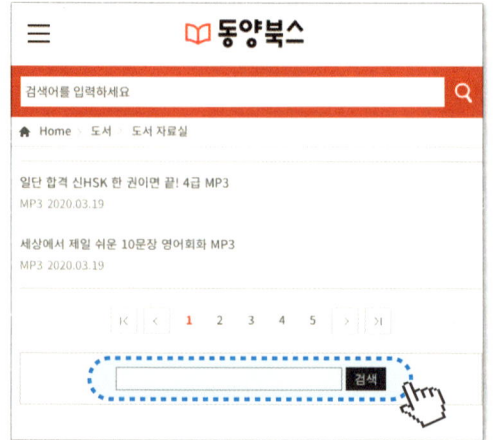

❸ 하단 검색창에 검색어 입력
❹ MP3, 정답과 해설, 부가자료 등 첨부파일 다운로드

* 압축 해제 방법은 '다운로드 Tip' 참고

어린이 중국어 능력시험

어린이
YCT
붕붕

김인숙 지음
김현철 감수

2급

동양북스

어린이 중국어 능력시험
어린이 YCT 붕붕 2급

초판 3쇄 | 2023년 5월 1일

지은이 | 김인숙
발행인 | 김태웅
편집주간 | 박지호
편집 | 김상현, 김수연
디자인 | 남은혜, 김지혜
삽화 | 윤병철
성우 | 조홍매, 박용군
마케팅 | 나재승
제 작 | 현대순

발행처 | (주)동양북스
등 록 | 제2014-000055호
주 소 | 서울시 마포구 동교로 22길 14(04030)
구입 문의 | 전화 (02)337-1737 팩스 (02)334-6624
내용 문의 | 전화 (02)337-1762 dybooks@gmail.com

ISBN 979-11-5703-201-3 13720

이 도서의 국립중앙도서관 출판시도서목록(CIP)은 서지정보유통지원시스템 홈페이지(http://seoji.go.kr)와
국가자료공동목록시스템(http://www.nl.go.kr/kolisnet)에서 이용하실 수 있습니다.
(CIP제어번호:CIP2016020729)

일석이조! 테마별로 재미있게 회화 잡고! 중국어 급수 따고!

본 교재는 YCT 2급 급수 어휘를 100% 활용하여 단원을 테마로 나누어 학습자가 재미 있게 배우고 쉽게 급수를 취득할 수 있도록 과학적으로 구성되어 있습니다. 중국어를 배우는 학생들의 나이는 점점 낮아지고 학습자의 수는 나날이 늘어가고 있습니다. 필 수어휘와 예문으로 구성된《어린이 YCT 붐붐 2급》은 중국어 인재로 양성해 주는 첫걸 음이 될 것입니다.

처음인데 시작해도 될까? 기초를 배우고 건너와야 할까?

본 교재에 테마별 중국어 학습 과정은 처음 시작하는 학생들도 인사말부터 시작할 수 있도록 어휘와 예문이 점차적 학습법으로 만들어졌습니다. 중국어 기초과정을 경험한 학습자 역시 YCT 2급 취득을 위해 급수 어휘와 시험에 자주 나오는 예문을 점검하고 모의고사를 통해 고득점으로 합격할 수 있도록 준비해주는 종합적인 학습 교재입니다.

언어는 평생 가져가는 기술!

어린이들이 만나는 교재는 달라야 합니다. 어른들이 어려워하는 중국어를 어린이들은 더 쉽고 재미있게 배워 갈 수 있습니다. 본 교재는 듣고, 읽고, 말하고, 쓰기의 지도가 빠 르게 이해되고 기억될 수 있도록 효과적이고 눈높이에 맞게 구성되어 있습니다. 많은 어휘와 회화보다는 꼭 필요한 필수 어휘와 회화를 한 권에 담아 YCT 2급 취득과 함께 어린이들이 중국어 특기생으로 자랄 수 있도록 성장시켜줄 것입니다.

《어린이 YCT 붐붐 2급》은 한 권으로 체계적인 중국어와 앞서가는 중국어 학습자로 만 들어 줄 것입니다. 어린이 중국어 학습자가 꼭 만나봐야 하는 본 책을 통해 대한민국 어린이들이 중국어도 잡고 자격증도 따길 응원합니다.

김인숙 저자

YCT 2급 테마 학습

15과로 나눈 테마로 YCT 2급 어휘와 이를 포함한 중국어 문장 표현을 자연스럽게 학습할 수 있습니다.
더불어 테마별 듣기/읽기 연습 코너로 YCT 시험 문형을 친근하게 접해볼 수 있습니다.

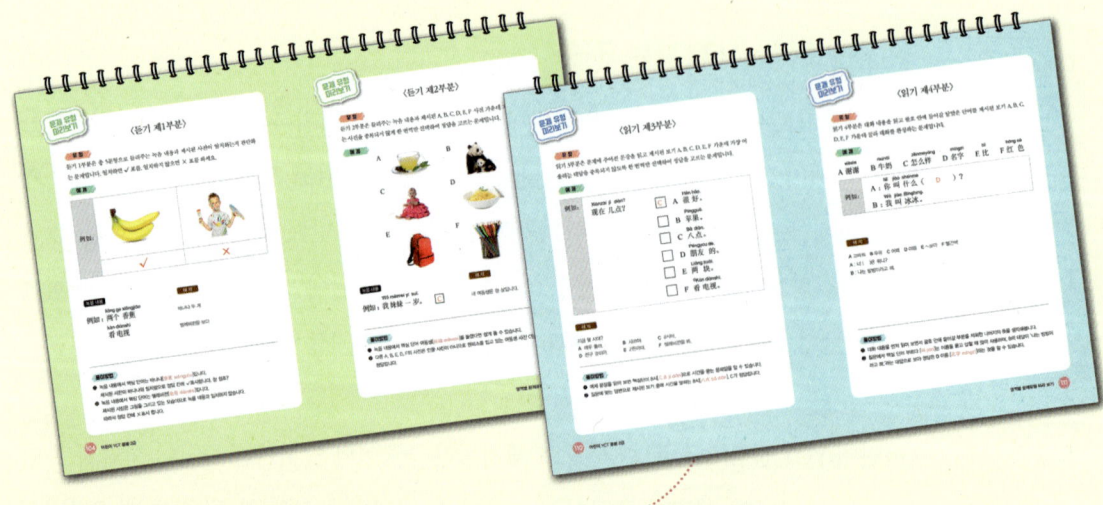

YCT 2급 영역별 문제유형 미리 보기

YCT 2급 시험이 영역별로 어떻게 나뉘는지 살펴보고 각 영역에서 출제되는 실제 문제유형을 미리 살펴봄으로 시험유형에
익숙할 수 있도록 하였습니다. 이때 각 영역에서 포인트 풀이방법을 제시하여 시험 풀이 요령을 익힐 수 있습니다.

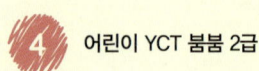

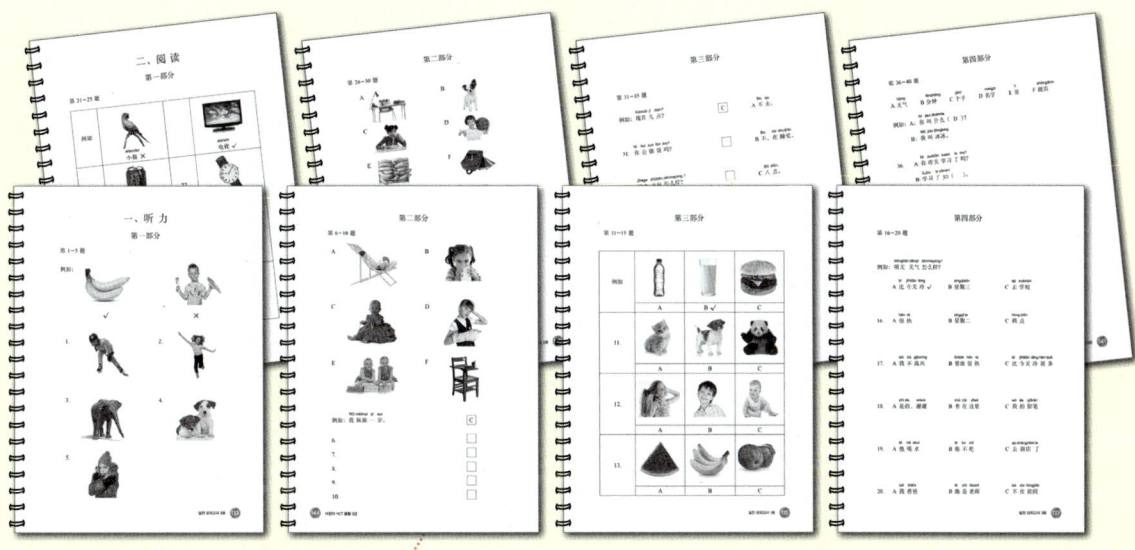

실전 모의고사 •

테마 학습에서 어휘와 표현을 익히고 문제유형 미리 보기를 통해 YCT 2급 시험에 대한 파악이 끝나면 실제 시험처럼
시간을 지키며 모의고사에 도전해 보세요. 틀린 문제는 반드시 다시 확인하여 정확히 이해하고 넘어가야 합니다.

YCT 1급, 2급 필수어휘 150 •

필수어휘를 한눈에 볼 수 있도록 A-Z 순으로 정렬하였습니다.
뜻을 가리고 중국어를 떠올려보고 중국어를 가리고 뜻을 생
각해 보면서 다시 한 번 필수어휘를 확인할 수 있습니다.

YCT 필수어휘 쓰기 노트 •

간체자를 획순에 따라 바르게 쓰는 연습을 돕습니다.
사진이 함께 있어 필수어휘 카드로 활용할 수 있습니다.

YCT 2급 테마 학습

1 인사 10

2 소개 16

3 가족 22

4 숫자 28

5 애완동물 34

6 날씨 40

7 요일 · 날짜 46

8 신체 52

9 사물 58

10 색깔 64

11 음식 70

12 장소 76

13 구매 82

14 동사 88

15 일과 94

YCT 2급 실전 연습

① YCT 소개 및 YCT 2급 시험 정보 102

② 영역별 문제유형 미리 보기 104

③ 실전 모의고사 1회 112

④ 실전 모의고사 2회 122

⑤ 실전 모의고사 3회 132

⑥ 실전 모의고사 4회 142

⑦ 답안카드 153

YCT 2급 부록

① 테마 학습 연습문제 녹음 스크립트 164

② 실전 모의고사 녹음 스크립트 166

③ 테마 학습 연습문제 정답 168

④ 실전 모의고사 정답 170

⑤ YCT 1급, 2급 필수어휘 150 172

YCT 2급 테마 학습

1. 인사
2. 소개
3. 가족
4. 숫자
5. 애완동물
6. 날씨
7. 요일 · 날짜
8. 신체
9. 사물
10. 색깔
11. 음식
12. 장소
13. 구매
14. 동사
15. 일과

1 인사
你好!
Nǐ hǎo!

인사표현을 익히고 의문문을 만들어 묻고 대답해 보세요.

테마별 표현 익히기

你好!
Nǐ hǎo!

你是学生吗?
Nǐ shì xuésheng ma?

我们是同学。
Wǒmen shì tóngxué.

老师，再见。
Lǎoshī, zàijiàn.

你好
nǐ hǎo 안녕

我们
wǒmen 우리

老师
lǎoshī 선생님

吗
ma ~입니까?

学生
xuésheng 학생

是
shì ~이다, 맞다

同学
tóngxué 학교 친구

不
bù ~아니다, 아니요

我
wǒ 나

的
de ~의, ~의 것

你
nǐ 너

再见
zàijiàn 잘 가

 YCT 보충단어 你好

중국 속으로!

Q: 중국 사람끼리도 통역이 필요하다던데?

A: 중국의 인구는 세계 1위! 면적은 4위! 한족 외 55개 소수민족이 모여 사는 중국은
언어와 문화가 다양해서 중국사람끼리도 통역사가 필요할 정도라고 해!

nǐ hǎo
你好
안녕, 안녕하세요

Míngming, nǐ hǎo!
明明，你好!
밍밍, 안녕!

lǎoshī
老师
선생님

Lǎoshī hǎo!
老师好!
선생님 안녕하세요!

xuésheng
学生
학생

Wǒ shì xuésheng.
我是学生。
나는 학생이야.

tóngxué
同学
학교 친구, 급우

Wǒmen shì tóngxué.
我们是同学。
우리는 학교 친구야.

wǒ
我
나

Wǒ búshì xuésheng.
我不是学生。
나는 학생이 아니야.

nǐ
你
너, 당신

Nǐ shì xuésheng ma?
你是学生吗?
너는 학생이니?

wǒmen

我们

우리

wǒmen de lǎoshī

我们的老师

우리 선생님

---

ma

吗

~입니까?, ~이니?

Nǐ shì lǎoshī ma?

你是老师吗?

당신은 선생님인가요?

✿ 문장의 끝에 쓰여
질문을 만들 때 사용

---

shì

是

~ 이다, 맞다

Wǒ shì lǎoshī.

我是老师。

나는 선생님이야.

---

bù

不

~아니다, 아니요

Wǒ búshì lǎoshī.

我不是老师。

나는 선생님이 아니야.

✿ '부정'을 나타냄

---

de

的

~의, ~의 것

wǒ de xuésheng

我的学生

나의 학생

---

zàijiàn

再见

잘 가
안녕히 계세요(가세요)

Lǎoshī, zàijiàn!

老师, 再见!

선생님, 안녕히 계세요(가세요)!

테마별 듣기 연습

듣기 1 부분 CD-2

녹음을 듣고 사진과 일치하면 ✓ 표를, 일치하지 않으면 ✗ 표를 하세요.

1

듣기 2 부분 CD-3

녹음을 듣고 내용과 가장 일치하는 사진을 A, B, C, D 중에 골라 ☐ 안에 써넣으세요.

A

B

C

D

읽기 1 부분

문장과 그림이 일치하면 ✓ 표를, 일치하지 않으면 ✕ 표를 하세요.

 1

nǐmen hǎo
你们好

읽기 2 부분

대화문을 읽고 내용과 가장 일치하는 사진을 A, B 중에 골라 ☐ 안에 써넣으세요.

A

B

2

Nǐ shì lǎoshī ma?
A：你是老师吗？

Búshì, wǒ shì xuésheng.
B：不是，我是学生。

3

Lǎoshī, zàijiàn.
A：老师，再见。

Zàijiàn.
B：再见。

2 소개

你叫什么名字?
Nǐ jiào shénme míngzi?

소개하는 표현을 익히고
이름을 묻고 대답해 보세요.

我叫明明

테마별 표현 익히기

你叫什么名字?
Nǐ jiào shénme míngzi?

认识你很高兴。
Rènshi nǐ hěn gāoxìng.

他是中国人吗?
Tā shì Zhōngguó rén ma?

我有中国朋友。
Wǒ yǒu Zhōngguó péngyou.

叫
jiào 부르다

中国人
Zhōngguó rén
중국인

名字
míngzi 이름

朋友
péngyou 친구

什么
shénme 무엇, 어떤

好
hǎo 좋다

认识
rènshi 알다

他
tā 그

高兴
gāoxìng 기쁘다

她
tā 그녀

很
hěn 매우, 아주

有
yǒu 있다

也
yě ~도

jiào
叫
부르다

Wǒ jiào Míngming.
我叫明明。
내 이름은 밍밍이야.

míngzi
名字
이름

Nǐ jiào shénme míngzi?
你叫什么名字?
너는 이름이 뭐야?

shénme
什么
무엇, 어떤

Tā jiào shénme míngzi?
他叫什么名字?
그의 이름은 뭐니?

rènshi
认识
알다

Rènshi nǐ hěn gāoxìng.
认识你很高兴。
만나서 반가워.

gāoxìng
高兴
기쁘다, 즐겁다

Nǐ gāoxìng ma?
你高兴吗?
너는 기쁘니?

hěn
很
매우, 아주

Wǒ hěn gāoxìng.
我很高兴。
나는 너무 기뻐.

yě
也
~도

Tā yě hěn gāoxìng.
她也很高兴。
그녀도 매우 기뻐.

단어	예문
Zhōngguó rén 中国人 중국인	**Tā shì Zhōngguó rén ma?** 他是中国人吗？ 그는 중국인이니? 
péngyou 朋友 친구	**Wǒ yǒu Zhōngguó péngyou.** 我有中国朋友。 나는 중국 친구가 있어.
hǎo 好 좋다, 안녕하다	**Wǒmen de lǎoshī hěn hǎo.** 我们的老师很好。 우리 선생님은 정말 좋아.
tā 他 그, 그 사람	**Tā búshì Zhōngguó rén.** 他不是中国人。 그는 중국인이 아니야. 
tā 她 그녀, 그 여자	**Tā shì wǒ de hǎo péngyou.** 她是我的好朋友。 그녀는 나의 좋은 친구야.
yǒu 有 있다 	**Wǒ yǒu Zhōngguó tóngxué.** 我有中国同学。 나는 중국 학급 친구가 있어.

듣기 3 부분 CD-5

녹음의 대화를 듣고 내용과 가장 일치하는 사진을 A, B, C 중에 골라 ✓ 표를 하세요.

1

A   B   C

2

A   B   C

듣기 4 부분 CD-6

녹음의 질문을 듣고 이어서 들려주는 A, B, C 답변 가운데 정답과 가장 일치하는 것을 골라 ✓표를 하세요.

3

wǒ shì Zhōngguó rén	wǒ jiào Míngming	nǐ de míngzi hěn hǎo
A 我是中国人	B 我叫明明	C 你的名字很好

읽기 3 부분

문장을 읽고 가장 어울리는 대답을 보기에서 골라 ☐ 안에 써넣으세요.

Tā jiào shénme míngzi?
1 她叫什么名字？ ☐

Wáng lǎoshī shì Zhōngguó rén ma?
2 王老师是中国人吗？ ☐

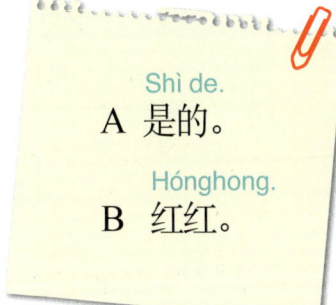

Shì de.
A 是的。

Hónghong.
B 红红。

읽기 4 부분

문장을 읽고 （　）안에 들어갈 알맞은 단어를 보기에서 골라 써넣으세요.

gāoxìng	péngyou
A 高兴	B 朋友

Rènshi nǐ hěn
3 A：认识你很（　）。

Wǒ yě shì.
B：我也是。

Tāmen shì nǐ　　　ma?
4 A：她们是你（　）吗？

Búshì.
B：不是。

3 가족
他是谁?
Tā shì shéi?

가족명칭을 익히고 가족 구성원에
관해 묻고 대답해 보세요.

테마별 표현 익히기

他是谁?
Tā shì shéi?

他是我爸爸。
Tā shì wǒ bàba.

哥哥和妹妹
gēge hé mèimei

妈妈，我爱你。
Māma, wǒ ài nǐ.

테마별 YCT 단어

爸爸
bàba 아빠

爱
ài 사랑하다

妈妈
māma 엄마

没有
méiyǒu 없다

哥哥
gēge 오빠, 형

家
jiā 가족, 집

姐姐
jiějie 누나, 언니

几
jǐ 몇

妹妹
mèimei 여동생

口
kǒu 입, 식구

弟弟
dìdi 남동생

和
hé ~와(과)

谁
shéi 누구

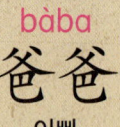

bàba **爸爸** 아빠	Tā shì wǒ bàba. 他是我爸爸。 그는 우리 아빠야.
mǎma **妈妈** 엄마	Wǒ māma shì lǎoshī. 我妈妈是老师。 우리 엄마는 선생님이야.
gēge **哥哥** 오빠, 형	Wǒ méiyǒu gēge. 我没有哥哥 나는 오빠(형)가 없어.
jiějie **姐姐** 누나, 언니	Jiějie shì xuésheng. 姐姐是学生。 누나(언니)는 학생이야.

| mèimei
妹妹
여동생 | Tā shì wǒ mèimei.
她是我妹妹。
그녀는 내 여동생이야. |

| dìdi
弟弟
남동생 | Nǐ dìdi shì shéi?
你弟弟是谁?
네 남동생은 누구니? |

| shéi
谁
누구 | Tā shì shéi?
他是谁?
그는 누구니? |

ài **爱** 사랑하다	Māma, wǒ ài nǐ. 妈妈，我爱你。 엄마, 사랑해요. 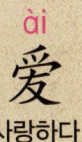
méiyǒu **没有** 없다	Wǒ méiyǒu jiějie. 我没有姐姐。 나는 누나(언니)가 없어.
jiā **家** 가족, 집	Wǒ ài wǒ jiā. 我爱我家。 나는 우리 가족을 사랑해. 
jǐ **几** 몇	Nǐ jiā yǒu jǐ kǒu rén? 你家有几口人？ 너의 가족은 몇 명이니?
kǒu **口** 입, 식구	Wǒ jiā yǒu sì kǒu rén. 我家有四口人。 우리 가족은 네 식구야. 
hé **和** ~와(과)	gēge hé mèimei 哥哥和妹妹 오빠(형)와 여동생

듣기 1 부분 CD-8

녹음을 듣고 사진과 일치하면 ✓ 표를, 일치하지 않으면 ✕ 표를 하세요.

1

듣기 2 부분 CD-9

녹음을 듣고 내용과 가장 일치하는 사진을 A, B, C, D 중에 골라 ☐ 안에 써넣으세요.

A

B

C

D

2 　3 　4 　5

읽기 1 부분

문장과 그림이 일치하면 ✓ 표를, 일치하지 않으면 ✗ 표를 하세요.

 1

méiyǒu mèimei
没有妹妹

읽기 2 부분

대화문을 읽고 내용과 가장 일치하는 사진을 A, B 중에 골라 ☐ 안에 써넣으세요.

A

B

2
Nǐ jiā yǒu shénme rén?
A: 你家有什么人?

Bàba,　　　māma,　　　dìdi hé wǒ.
B: 爸爸，妈妈，弟弟和我。

3
Tā shì nǐ de péngyou ma?
A: 他是你的朋友吗?

Búshì,　　　shì wǒ gēge.
B: 不是，是我哥哥。

4 숫자
她几岁?
Tā jǐ suì?

숫자표현을 익혀
나이를 묻고 대답해 보세요.

테마별 표현 익히기

她几岁?
Tā jǐ suì?

姐姐九岁。
Jiějie jiǔ suì.

你有几个同学?
Nǐ yǒu jǐ ge tóngxué?

我有两个妹妹。
Wǒ yǒu liǎng ge mèimei.

零
líng 0, 영

七
qī 7, 일곱

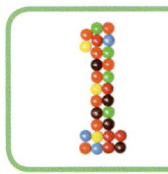
一
yī 1, 하나

八
bā 8, 여덟

二
èr 2, 둘

九
jiǔ 9, 아홉

三
sān 3, 셋

十
shí 10, 열

四
sì 4, 넷

个
gè 개, 명

五
wǔ 5, 다섯

岁
suì 살, 세

六
liù 6, 여섯

两
liǎng 둘

líng
零
0, 영

sān líng èr
三零二
302

yī
一
1, 하나

Wǒ yǒu yí ge dìdi.
我有一个弟弟。
나는 남동생이 한 명 있어.

èr
二
2, 둘

Wǒ yǒu shí'èr ge tóngxué.
我有十二个同学。
나는 같은 반 친구가 열두 명 있어.

sān
三
3, 셋

Wǒ jiā yǒu sān kǒu rén.
我家有三口人。
우리 집 식구는 세 명이야.

sì
四
4, 넷

Tā sì suì.
他四岁。
그는 네 살이야.

wǔ
五
5, 다섯

Gēge yǒu wǔ ge péngyou.
哥哥有五个朋友。
오빠(형)는 다섯 명의 친구가 있어.

liù
六
6, 여섯

Nǐ dìdi liù suì ma?
你弟弟六岁吗?
네 남동생은 여섯 살이니?

qī 七 7, 일곱	Wǒ mèimei qī suì. 我妹妹七岁。 내 여동생은 일곱 살이야.
bā 八 8, 여덟	Wǒ bā suì. 我八岁。 나는 여덟 살이야.
jiǔ 九 9, 아홉	9岁 Jiějie jiǔ suì. 姐姐九岁。 누나(언니)는 아홉 살이야.
shí 十 10, 열	Tā búshì shí suì. 他不是十岁。 그는 열 살이 아니야.
gè 个 개, 명	Nǐ yǒu jǐ ge tóngxué? 你有几个同学? 너는 같은 반 친구가 몇 명 있니?
suì 岁 살, 세	Tā jǐ suì? 她几岁? 그녀는 몇 살이니? ✿ 나이를 세는 단위
liǎng 两 둘	Wǒ yǒu liǎng ge mèimei. 我有两个妹妹。 나는 두 명의 여동생이 있어.

듣기 3 부분 CD-11

녹음의 대화를 듣고 내용과 가장 일치하는 사진을 A, B, C 중에 골라 ✓ 표를 하세요.

1

A   B   C

2

A   B   C

듣기 4 부분 CD-12

녹음의 질문을 듣고 이어서 들려주는 A, B, C 답변 가운데 정답과 가장 일치하는 것을 골라 ✓표를 하세요 .

3

shì de, tā shì lǎoshī	tā yě sì suì	bù, tāmen búshì
A 是的，他是老师	B 他也四岁	C 不，他们不是

읽기 3 부분

문장을 읽고 가장 어울리는 대답을 보기에서 골라 ☐ 안에 써넣으세요.

Nǐ jǐ suì?

1 你几岁？ ☐

Nǐ yǒu mèimei ma?

2 你有妹妹吗？ ☐

Yǒu yí ge.

A 有一个。

Jiǔ suì.

B 九岁。

읽기 4 부분

문장을 읽고 （　） 안에 들어갈 알맞은 단어를 보기에서 골라 써넣으세요.

shísān   gè

A 十三   B 个

Nǐ yǒu gēge ma?

3 A：你有哥哥吗？

Wǒ yǒu yí   gēge.

B：我有一 （　） 哥哥。

Nǐ yě shì   suì ma?

4 A：你也是 （　） 岁吗？

Wǒ búshì shísān suì.

B：我不是十三岁。

5 애완동물
这是什么?
Zhè shì shénme?

애완동물 명칭을 익혀 지시대명사로
묻고 대답해 보세요.

테마별 표현 익히기

这是什么?
Zhè shì shénme?

那是熊猫。
Nà shì xióngmāo.

这只鸟很小。
Zhè zhī niǎo hěn xiǎo.

你家有小猫吗?
Nǐ jiā yǒu xiǎomāo ma?

这(1)
zhè 이, 이것

熊猫
xióngmāo 판다

那(1)
nà 그, 그것

只
zhī 마리

狗
gǒu 개

大
dà 크다, 많다

猫
māo 고양이

小
xiǎo 작다, 어리다

鸟
niǎo 새

谢谢
xièxie 고마워

鱼
yú 물고기

不客气
búkèqi 천만에

 중국 속으로!

Q: 판다는 초식동물 맞지?

A: 멸종 위기에 놓여 중국사람들의 보물로 보호를 받는 판다 '熊猫 xióngmāo'는 하루의 반을 뒹굴뒹굴하면서 식사의 99%는 대나무만 먹지만 원래는 육식동물이었다고 해.

zhè

这

이, 이것

Zhè shì shénme?

这是什么?

이건 무엇이니?

---

nà

那

그, 그것, 저, 저것

Nà shì shénme?

那是什么?

그건 무엇이니?

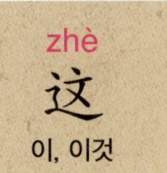

---

gǒu

狗

개

Zhè shì wǒ de xiǎogǒu.

这是我的小狗。

이것은 나의 강아지야.

---

māo

猫

고양이

Nǐ jiā yǒu xiǎomāo ma?

你家有小猫吗?

너희 집에는 작은 고양이가 있니?

---

niǎo

鸟

새

Zhè zhī niǎo hěn xiǎo.

这只鸟很小。

이 새는 정말 작아.

---

yú

鱼

물고기

Zhè shì shénme yú?

这是什么鱼?

이건 무슨 물고기야?

| xióngmāo
熊猫
판다 | Nà shì xióngmāo.
那是熊猫。
저것은 판다야.  |

| zhī
只
마리 | Tā jiā yǒu yì zhī gǒu.
他家有一只狗。
그의 집에는 한 마리 개가 있어. |

| dà
大
크다, (수량이) 많다 | Nà zhī xióngmāo hěn dà!
那只熊猫很大!
저 판다는 정말 크다! |

| xiǎo
小
작다, 어리다 | Zhè shì yì zhī xiǎomāo.
这是一只小猫。
이것은 한 마리 작은 고양이야. |

| xièxie
谢谢
고마워 | Xièxie, māma.
谢谢，妈妈。
고마워요, 엄마.  |

| búkèqi
不客气
천만에, 별말씀을 | Búkèqi, zàijiàn!
不客气，再见!
천만에, 잘 가! |

듣기 1 부분 CD-14

녹음을 듣고 사진과 일치하면 ✓ 표를, 일치하지 않으면 ✕ 표를 하세요.

1

듣기 2 부분 CD-15

녹음을 듣고 내용과 가장 일치하는 사진을 A, B, C, D 중에 골라 ☐ 안에 써넣으세요.

A

B

C

D

2 **3** **4**  **5**

읽기 1 부분

문장과 그림이 일치하면 ✓ 표를, 일치하지 않으면 ✗ 표를 하세요.

 1

māo hé yú
猫和鱼

읽기 2 부분

대화문을 읽고 내용과 가장 일치하는 사진을 A, B 중에 골라 ☐ 안에 써넣으세요.

A

B

2

Nà zhī māo shì shéi de?
A：那只猫是谁的？

Wǒ péngyou de.
B：我朋友的。

3

Wǒ jiā yǒu yì zhī xiǎogǒu.
A：我家有一只小狗。

Wǒ jiā yě yǒu xiǎogǒu.
B：我家也有小狗。

6 날씨
天气怎么样?
Tiānqì zěnmeyàng?

날씨표현을 익히고
날씨에 대해 묻고 대답해 보세요.

테마별 표현 익히기

天气怎么样?
Tiānqì zěnmeyàng?

天气很好。
Tiānqì hěn hǎo.

今天真热。
Jīntiān zhēn rè.

明天不冷。
Míngtiān bù lěng.

天气
tiānqì 날씨

冷
lěng 춥다

怎么样
zěnmeyàng 어때

北京
Běijīng 북경

今天
jīntiān 오늘

真
zhēn 진실로

昨天
zuótiān 어제

对不起
duìbuqǐ 미안해

明天
míngtiān 내일

没关系
méiguānxi 괜찮아

热
rè 덥다

중국 속으로!

Q: 같은 나라, 같은 시간에 4계절이 있다?! 중국이 정말 그래?

A: 땅이 넓은 중국은 지역마다 다른 계절로 많게는 하루에 온도차이가 50도를 넘기도 해.
더운 남쪽지역은 여름이지만 북쪽지역(하얼빈)은 영하20도로 눈이 펑펑 내리기도 하지.

| tiānqì
天气
날씨 | Tiānqì hěn hǎo.
天气很好。
날씨가 매우 좋아. |

| zěnmeyàng
怎么样
어때 | Tiānqì zěnmeyàng?
天气怎么样?
날씨가 어때?  |

| jīntiān
今天
오늘 | Jīntiān tiānqì zěnmeyàng?
今天天气怎么样?
오늘 날씨가 어때? |

| zuótiān
昨天
어제 | Zuótiān tiānqì bù hǎo.
昨天天气不好。
어제는 날씨가 안 좋았어. |

| míngtiān
明天
내일 | Míngtiān tiānqì hǎo ma?
明天天气好吗?
내일은 날씨가 좋니? |

| rè
热
덥다 | Jīntiān bú rè.
今天不热。
오늘은 안 더워.  |

lěng 冷 춥다	Míngtiān bù lěng. 明天不冷。 내일은 안 추워.
Běijīng 北京 북경	Běijīng tiānqì zhēn hǎo. 北京天气真好。 북경 날씨는 정말 좋아.
zhēn 真 진실로, 진짜로	Jīntiān zhēn rè. 今天真热。 오늘 진짜 덥다. 
duìbuqǐ 对不起 미안해	Míngming, duìbuqǐ. 明明，对不起。 밍밍, 미안해. 
méiguānxi 没关系 괜찮아	Méiguānxi, míngtiān jiàn. 没关系，明天见。 괜찮아, 내일 만나.

듣기 3 부분 CD-17

녹음의 대화를 듣고 내용과 가장 일치하는 사진을 A, B, C 중에 골라 ✓ 표를 하세요.

1

A   B   C

2

A   B   C

듣기 4 부분 CD-18

녹음의 질문을 듣고 이어서 들려주는 A, B, C 답변 가운데 정답과 가장 일치하는 것을 골라 ✓표를 하세요.

3

m001		
míngtiān hěn rè	tā hěn hǎo	jīntiān zhēn rè
A 明天很热	B 她很好	C 今天真热

읽기 3 부분

문장을 읽고 가장 어울리는 대답을 보기에서 골라 ☐ 안에 써넣으세요.

1
Māma, míngtiān tiānqì zěnmeyàng?
妈妈，明天天气怎么样？ ☐

2
Jiàndào nǐ hěn gāoxìng.
见到你很高兴。 ☐

Míngtiān tiānqì hěn hǎo.
A 明天天气很好。

Wǒ yě hěn gāoxìng.
B 我也很高兴。

읽기 4 부분

문장을 읽고 ( ) 안에 들어갈 알맞은 단어를 보기에서 골라 써넣으세요.

lěng	zěnmeyàng
A 冷	B 怎么样

3
Míngtiān tiānqì hǎo ma?
A：明天天气好吗？

Míngtiān hěn
B：明天很（　　）。

4
Běijīng tiānqì
A：北京天气（　　）？

Hěn hǎo.
B：很好。

7 요일·날짜

今天是星期二。
Jīntiān shì xīngqī'èr.

요일과 날짜 표현을 익히고
몇 월 며칠인지 묻고 대답해 보세요.

테마별 표현 익히기

今天是星期二。
Jīntiān shì xīngqī'èr.

今天几号?
Jīntiān jǐ hào?

明天是5月5号。
Míngtiān shì wǔ yuè wǔ hào.

星期六天气怎么样?
Xīngqīliù tiānqì zěnmeyàng?

号
hào 일, 번

星期二
xīngqī'èr 화요일

月
yuè 월

星期三
xīngqīsān 수요일

年
nián 년, 해

星期四
xīngqīsì 목요일

今年
jīnnián 올해

星期五
xīngqīwǔ 금요일

星期
xīngqī 요일

星期六
xīngqīliù 토요일

星期一
xīngqīyī 월요일

星期天
xīngqītiān 일요일

🔖 YCT 보충단어 　今年, 星期一, 星期二, 星期三, 星期四, 星期五, 星期六, 星期天

중국 속으로!

Q: 5월 5일은 어린이날! 중국은?

A: 중국은 세계국제어린이날과 같은 6월 1일로 '儿童节 értóngjié'라고 해.
우리나라와는 달리 어린이날이 휴일이 아니래. 대신 학교에서 신나고 즐거운 행사를 해.

hào
号
일, 번

Jīntiān jǐ hào?
今天几号?
오늘 며칠이야?

yuè
月
월

Míngtiān shì wǔ yuè wǔ hào.
明天是5月5号。
내일은 5월 5일이야.

nián
年
년, 해

èr líng yī bā nián
二零一八年
2018년

jīnnián
今年
올해, 금년

Tā jīnnián jǐ suì?
他今年几岁?
그는 올해 몇 살이니?

xīngqī
星期
요일

Jīntiān shì xīngqī jǐ?
今天是星期几?
오늘 몇 요일이야?

xīngqīyī
星期一
월요일

Zuótiān shì xīngqīyī.
昨天是星期一。
어제는 월요일이야.

xīngqī'èr

星期二

화요일

Jīntiān shì xīngqī'èr.

今天是星期二。

오늘은 화요일이야.

---

xīngqīsān

星期三

수요일

Míngtiān shì xīngqīsān.

明天是星期三。

내일은 수요일이야.

---

xīngqīsì

星期四

목요일

Xīngqīsì shì liù yuè yī hào.

星期四是6月1号。

목요일은 6월 1일이야.

---

xīngqīwǔ

星期五

금요일

Xīngqīwǔ shì èr hào ma?

星期五是二号吗?

금요일이 2일이니?

---

xīngqīliù

星期六

토요일

Xīngqīliù tiānqì zěnmeyàng?

星期六天气怎么样?

토요일 날씨는 어때?

---

xīngqītiān

星期天

일요일

Xīngqītiān tiānqì zhēn hǎo.

星期天天气真好。

일요일 날씨는 정말 좋아.

듣기 1 부분 CD-20

녹음을 듣고 사진과 일치하면 ✓ 표를, 일치하지 않으면 ✗ 표를 하세요.

1

듣기 2 부분  CD-21

녹음을 듣고 내용과 가장 일치하는 사진을 A, B, C, D 중에 골라 ☐ 안에 써넣으세요.

A

B

C

D

2 ☐   **3** ☐   **4** ☐   **5** ☐

테마별 읽기 연습

 읽기 1 부분

문장과 그림이 일치하면 ✓ 표를, 일치하지 않으면 ✕ 표를 하세요.

1

jiǔ yuè sānshí hào
九月三十号

읽기 2 부분

대화문을 읽고 내용과 가장 일치하는 사진을 A, B 중에 골라 ☐ 안에 써넣으세요.

A

B

2
Xīngqī'èr tiānqì zěnmeyàng?
A：星期二天气怎么样?

Xīngqī'èr tiānqì zhēn hǎo.
B：星期二天气真好。

3
Míngtiān shì jǐ yuè jǐ hào?
A：明天是几月几号?

Míngtiān shì shí'èr yuè èrshí wǔ hào.
B：明天是十二月二十五号。

8 신체
她的眼睛很大。
Tā de yǎnjing hěn dà.

신체명칭을 익히고 비교표현을 이용하여 묻고 대답해 보세요.

테마별 표현 익히기

她的眼睛很大。
Tā de yǎnjing hěn dà.

我的头发很长。
Wǒ de tóufa hěn cháng.

弟弟的个子不高。
Dìdi de gèzi bù gāo.

哥哥比我大。
Gēge bǐ wǒ dà.

眼睛
yǎnjing 눈

个子
gèzi 키

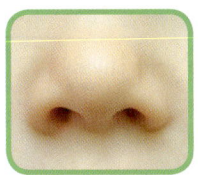
鼻子
bízi 코

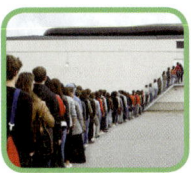
长
cháng 길다

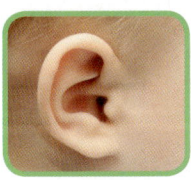
耳朵
ěrduo 귀

高
gāo 높다

头发
tóufa 머리카락

比
bǐ ～보다, 비교하다

手
shǒu 손

怎么了
zěnme le 왜 그래?

脚
jiǎo 발

 YCT 보충단어 怎么了

중국 속으로!

Q: 중국은 뭐든지 크고 웅장한 것 같아!

A: 세계에서 가장 큰 궁궐 자금성 안에는 방이 약 9,999야. 이 밖에도 세계에서 가장 큰 천안문광장이 있어. 이색적으로 3천 명이 나눠 먹을 수 있는 2.5m 크기의 대형 만두를 만들기도 해.

yǎnjing

眼睛

눈

Tā de yǎnjing hěn dà.

她的眼睛很大。

그녀의 눈은 정말 커.

bízi

鼻子

코

Xiǎomāo de bízi hěn xiǎo.

小猫的鼻子很小。

아기 고양이의 코는 매우 작아.

ěrduo

耳朵

귀

Gǒu de ěrduo bú dà.

狗的耳朵不大。

개의 귀는 크지 않아.

tóufa

头发

머리카락

Wǒ de tóufa hěn cháng.

我的头发很长。

내 머리카락은 매우 길어.

shǒu

手

손

Mèimei de shǒu hěn xiǎo.

妹妹的手很小。

여동생의 손은 정말 작아.

jiǎo

脚

발

Bàba de jiǎo zhēn dà.

爸爸的脚真大。

아빠의 발은 정말 커.

gèzi
个子
키

Dìdi de gèzi bù gāo.
弟弟的个子不高。
남동생의 키는 크지 않아.

cháng
长
길다

Jiějie de tóufa zhēn cháng.
姐姐的头发真长。
누나(언니)의 머리카락은 엄청 길어.

gāo
高
높다, (키가) 크다

Gēge de gèzi hěn gāo.
哥哥的个子很高。
형의 키는 매우 커.

bǐ
比
~보다, 비교하다

Gēge bǐ wǒ dà liǎng suì.
哥哥比我大两岁。
오빠(형)는 나보다 두 살 많아.

zěnme le
怎么了
왜 그래?
무슨 일이야?

Nǐ de shǒu zěnme le?
你的手怎么了?
너의 손은 왜 그래?

듣기 **3** 부분 CD-23

녹음의 대화를 듣고 내용과 가장 일치하는 사진을 A, B, C 중에 골라 ✓ 표를 하세요.

1

A   B   C

2

A   B   C

듣기 **4** 부분 CD-24

녹음의 질문을 듣고 이어서 들려주는 A, B, C 답변 가운데 정답과 가장 일치하는 것을 골라 ✓표를 하세요.

3

tā shí suì	tā de gèzi gāo	tā bǐ wǒ cháng
A 他十岁	B 他的个子高	C 他比我长

읽기 3 부분

문장을 읽고 가장 어울리는 대답을 보기에서 골라 ☐ 안에 써넣으세요.

Shéi shì nǐ péngyou?
1 谁是你朋友?   ☐

Nǐ de Běijīng péngyou zěnmeyàng?
2 你的北京朋友怎么样?   ☐

Yǎnjing hěn dà.
A 眼睛很大。

Cháng tóufa de.
B 长头发的。

읽기 4 부분

문장을 읽고 ( ) 안에 들어갈 알맞은 단어를 보기에서 골라 써넣으세요.

bǐ	dà
A 比	B 大

Xióngmāo de jiǎo dà ma?
3 A: 熊猫的脚大吗?

Bù,   xióngmāo de jiǎo bú
B: 不，熊猫的脚不 (   )。

Jiějie de tóufa cháng ma?
4 A: 姐姐的头发长吗?

Shì,   wǒ cháng.
B: 是，(   ) 我长。

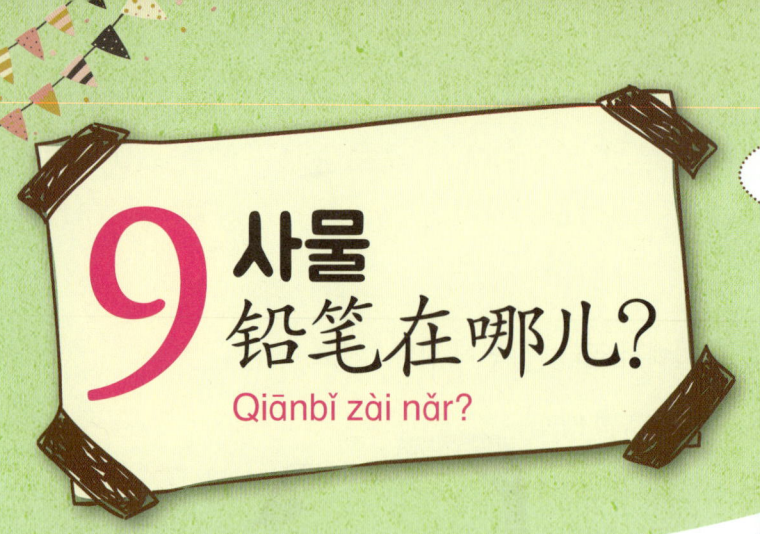

9 사물
铅笔在哪儿?
Qiānbǐ zài nǎr?

사물명칭을 익히고
사물의 위치를 묻고 대답해 보세요.

테마별 표현 익히기

铅笔在哪儿?
Qiānbǐ zài nǎr?

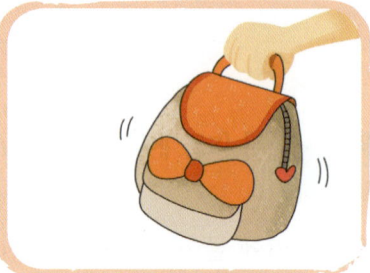

这是谁的书包?
Zhè shì shéi de shūbāo?

这是我的椅子。
Zhè shì wǒ de yǐzi.

书在桌子上面。
Shū zài zhuōzi shàngmian.

哪(哪儿)
nǎ(nǎr) 무엇, 어느
(어디, 어느 곳)

书
shū 책

电视
diànshì 텔레비전

里面
lǐmiàn 안쪽, 안

铅笔
qiānbǐ 연필

上边
shàngbian 위쪽, 위

书包
shūbāo 책가방

在
zài 있다, ~하고 있다

桌子
zhuōzi 책상

多
duō 많다

椅子
yǐzi 의자

少
shǎo 적다

 YCT 보충단어 书, 少

중국 속으로!

Q: 봄이면 중국사람들이 얼굴에 쓰고 다니는 게 뭐야?

A: 중국에는 재미있는 아이디어 상품이 많아. 그 중에 양파 자루처럼 생긴 스카프를 봄이 되면 사람들이 얼굴에 쓰고 다니는 걸 볼 수 있어. 그건 황사를 막아주는 '纱巾 shājīn'이라고 해.

nǎ(nǎr)

哪(哪儿)

무엇, 어느
어디, 어느 곳

Qiānbǐ zài nǎr?

铅笔在那儿?

연필이 어디에 있어?

---

diànshì

电视

텔레비전

Wǒ jiā de diànshì hěn dà.

我家的电视很大。

우리 집 텔레비전은 정말 커.

---

qiānbǐ

铅笔

연필

Wǒ méiyǒu qiānbǐ.

我没有铅笔。

나는 연필이 없어.

---

shūbāo

书包

책가방

Zhè shì shéi de shūbāo?

这是谁的书包?

이건 누구 책가방이야?

---

zhuōzi

桌子

책상, 탁자

Nà shì péngyou de zhuōzi.

那是朋友的桌子。

그건 친구의 책상이야.

---

yǐzi

椅子

의자

Zhè shì wǒ de yǐzi.

这是我的椅子。

이건 내 의자야.

shū

书

책

Zhè shì wǒ de shū.

这是我的书。

이것은 내 책이야.

---

lǐmiàn

里面

안쪽, 안

Qiānbǐ zài shūbāo lǐmiàn.

铅笔在书包里面。

연필은 가방 안에 있어.

---

shàngbian

上边

위쪽, 위

Zhuōzi shàngbian yǒu hěn duō shū.

桌子上边有很多书。

책상 위에는 책이 많이 있어.　✿ 上面 shàngmiàn 위쪽, 위

---

zài

在

있다, ～하고 있다

Māma zài jiā.

妈妈在家。

엄마는 집에 계셔.

---

duō

多

많다

Nǐ jiā de yǐzi zhēn duō!

你家的椅子真多!

너희 집에 의자가 정말 많다!

---

shǎo

少

적다, 조금

Wǒ qiānbǐ hěn shǎo.

我铅笔很少。

나는 연필이 조금밖에 없어.

듣기 1 부분 CD-26

녹음을 듣고 사진과 일치하면 ✓ 표를, 일치하지 않으면 ✕ 표를 하세요.

1

듣기 2 부분 CD-27

녹음을 듣고 내용과 가장 일치하는 사진을 A, B, C, D 중에 골라 ☐ 안에 써넣으세요.

A

B

C

D

2   **3**   **4**    **5**

테마별 읽기 연습

읽기 1 부분

문장과 그림이 일치하면 ✓ 표를, 일치하지 않으면 × 표를 하세요.

1

hěn duō
很多

읽기 2 부분

대화문을 읽고 내용과 가장 일치하는 사진을 A, B 중에 골라 ☐ 안에 써넣으세요.

A

B

2
Nǐ de shū zài nǎr?
A：你的书在哪儿？

Zài zhuōzi shàngmiàn.
B：在桌子上面。

3
Māma, dìdi zài jiā ma?
A：妈妈，弟弟在家吗？

Tā bú zài jiā.
B：他不在家。

10 색깔

你喜欢什么颜色?
Nǐ xǐhuan shénme yánsè?

색깔명칭을 익히고
좋아하는 색깔을 묻고 대답해 보세요.

테마별 표현 익히기

你喜欢什么颜色?
Nǐ xǐhuan shénme yánsè?

我喜欢黄色。
Wǒ xǐhuan huángsè.

我喜欢红色，你呢?
Wǒ xǐhuan hóngsè, nǐ ne?

颜色真漂亮。
Yánsè zhēn piàoliang.

颜色
yánsè 색깔

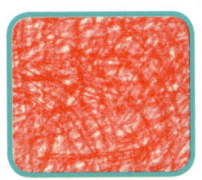
红色
hóngsè 빨간색

喜欢
xǐhuan 좋아하다

黄色
huángsè 노란색

红
hóng 빨강

绿色
lǜsè 초록색

黄
huáng 노랑

漂亮
piàoliang 예쁘다

绿
lǜ 초록

呢
ne ~는?

YCT 보충단어 红色, 黄色, 绿色

중국 속으로!

Q: 중국 사람들이 가장 좋아하는 색깔은 뭐야?

A: 두말할 것도 없이 빨간색 '红色 hóngsè'지! 기쁜 일이 있을 땐 붉은 폭죽을 터트리고,
좋은 일에 돈을 내거나 세뱃돈을 줄 때도 붉은 봉투 '红包 hóngbāo'에 담아 주거든.

yánsè

颜色
색깔, 색

Zhè shì shénme yánsè?

这是什么颜色?
이것은 무슨 색깔이니?

xǐhuan

喜欢
좋아하다

Nǐ xǐhuan shénme yánsè?

你喜欢什么颜色?
너는 무슨 색을 좋아하니?

hóng

红
빨강

Nǐ de yǎnjing hěn hóng.

你的眼睛很红。
너의 눈이 매우 빨게.

huáng

黄
노랑

Tā shì huáng tóufa.

她是黄头发。
그녀는 노란 머리카락이야.

lǜ

绿
초록

Xiǎomāo shì lǜ yǎnjing.

小猫是绿眼睛。
아기 고양이는 초록 눈이야.

hóngsè

红色

빨간색

Wǒ jiā yǒu hóngsè de xiǎoyú.

我家有红色的小鱼。

우리집에는 빨간색 작은 물고기가 있어.

---

huángsè

黄色

노란색

Wǒ xǐhuan huángsè.

我喜欢黄色。

나는 노란색을 좋아해.

---

lǜsè

绿色

초록색, 녹색

Nǐ xǐhuan lǜsè ma?

你喜欢绿色吗?

너는 녹색을 좋아하니?

---

piàoliang

漂亮

예쁘다

Yánsè zhēn piàoliang.

颜色真漂亮。

색깔이 정말 예쁘다.

---

ne

呢

~는?

Wǒ xǐhuan hóngsè, nǐ ne?

我喜欢红色,你呢?

나는 빨간색을 좋아해, 너는?

❖ 의문문 뒤에 쓰여
강조를 나타냄

테마별 **듣기** 연습

듣기 3 부분 CD-29

녹음의 대화를 듣고 내용과 가장 일치하는 사진을 A, B, C 중에 골라 ✓ 표를 하세요.

1

A   B   C

2

A   B   C

듣기 4 부분 CD-30

녹음의 질문을 듣고 이어서 들려주는 A, B, C 답변 가운데 정답과 가장 일치하는 것을 골라 ✓표를 하세요.

3

wǒ yě bù xǐhuan	tā shì huáng tóufa	xièxie, wǒ xǐhuan
A 我也不喜欢	B 她是黄头发	C 谢谢，我喜欢

읽기 3 부분

문장을 읽고 가장 어울리는 대답을 보기에서 골라 ☐ 안에 써넣으세요.

1 Zhège hóngsè de yǐzi zěnmeyàng?
这个红色的椅子怎么样？ ☐

2 Nǐ de shūbāo shì shénme yánsè?
你的书包是什么颜色？ ☐

A Huángsè.
黄色。

B Zhēn piàoliang.
真漂亮。

읽기 4 부분

문장을 읽고 ( ) 안에 들어갈 알맞은 단어를 보기에서 골라 써넣으세요.

piàoliang	lùsè
A 漂亮	B 绿色

3
Nǐ xǐhuan shénme yánsè?
A：你喜欢什么颜色？

Wǒ xǐhuan
B：我喜欢（   ）。

4
Tā de tóufa zhēn cháng.
A：她的头发真长。

Shìde,   zhēn
B：是的，真（   ）。

11 음식
你要吃什么?
Nǐ yào chī shénme?

먹을 것과 마실 것의 표현을 익히고 무엇을 원하는지 묻고 대답해 보세요.

테마별 표현 익히기

你要吃什么?
Nǐ yào chī shénme?

他要吃面条。
Tā yào chī miàntiáo.

妹妹喜欢喝牛奶。
Mèimei xǐhuan hē niúnǎi.

我觉得很好吃。
Wǒ juéde hěn hǎochī.

吃
chī 먹다

水
shuǐ 물

喝
hē 마시다

牛奶
niúnǎi 우유

米饭
mǐfàn 밥

茶
chá 차

面条
miàntiáo 국수

要
yào 원하다, ~하려고 한다

包子
bāozi 찐빵

不要
búyào 원하지 않다

好吃
hǎochī 맛있다

觉得
juéde ~라고 생각하다

 YCT 보충단어 不要

중국 속으로!

Q: 중국에서 유명한 꼬치 음식은 뭐야?

A: 중국에 꼬치 음식은 아주 다양해. 가장 유명한 양꼬치 '羊肉串 yángròuchuàn'과
과일꼬치 '糖葫芦 tánghúlu' 외에 불가사리, 전갈 등 기상천외한 꼬치들도 많아.

11 음식 你要吃什么?

chī

吃
먹다

Wǒ xǐhuan chī bāozi.

我喜欢吃包子。

나는 찐빵 먹는 걸 좋아해.

hē

喝
마시다

Wǒ yào hē chá.

我要喝茶。

나는 차를 마시길 원해.

mǐfàn

米饭
밥

Xiǎomāo bù chī mǐfàn.

小猫不吃米饭。

아기 고양이는 쌀밥을 먹지 않아.

miàntiáo

面条
국수

Tā yào chī miàntiáo.

他要吃面条。

그는 국수를 먹고 싶어 해.

bāozi

包子
찐빵

Nǐ chī jǐ ge bāozi?

你吃几个包子？

너는 찐빵 몇 개 먹을래?

hǎochī

好吃
맛있다

Miàntiáo hǎochī ma?

面条好吃吗？

국수 맛있니?

shuǐ 水 물	Wǒ yào hē rè shuǐ. **我要喝热水。** 나는 뜨거운 물을 마시고 싶어.

niúnǎi 牛奶 우유	Mèimei xǐhuan hē niúnǎi. **妹妹喜欢喝牛奶。** 여동생은 우유 마시는 걸 좋아해. 

chá 茶 차	Nǐ yào hē shénme chá? **你要喝什么茶？** 너는 무슨 차를 마시고 싶니?

yào 要 원하다, 필요하다 ~하려고 한다	Nǐ yào chī shénme? **你要吃什么？** 너는 무얼 먹고 싶니?

búyào 不要 원하지 않다 싫다, ~하지마라	Wǒ búyào hē niúnǎi. **我不要喝牛奶。** 나는 우유를 마시고 싶지 않아. 

juéde 觉得 ~라고 생각하다 ~라고 느끼다	Wǒ juéde hěn hǎochī. **我觉得很好吃。** 나는 맛있다고 생각해.

듣기 1 부분 CD-32

녹음을 듣고 사진과 일치하면 ✓ 표를, 일치하지 않으면 ✕ 표를 하세요.

1

듣기 2 부분  CD-33

녹음을 듣고 내용과 가장 일치하는 사진을 A, B, C, D 중에 골라 ☐ 안에 써넣으세요.

A

B

C

D

2   **3**   **4**  **5**

테마별 읽기 연습

문장과 그림이 일치하면 ✓ 표를, 일치하지 않으면 ✗ 표를 하세요.

1

rè shuǐ
热水

대화문을 읽고 내용과 가장 일치하는 사진을 A, B 중에 골라 ☐ 안에 써넣으세요.

A 　　　　B

2
Jīntiān wǒmen chī shénme?
A：今天我们吃什么?

Bāozi zěnmeyàng?
B：包子怎么样?

3
Nǐ juéde Zhōngguó chá hǎohē ma?
A：你觉得中国茶好喝吗?

Hěn hǎohē.
B：很好喝。

12 장소
你去哪儿?
Nǐ qù nǎr?

장소명칭을 익히고
어디를 가는지 묻고 대답해 보세요.

테마별 표현 익히기

你去哪儿?
Nǐ qù nǎr?

我去学校。
Wǒ qù xuéxiào.

你的书包在这儿。
Nǐ de shūbāo zài zhèr.

小猫在那儿。
Xiǎomāo zài nàr.

去
qù 가다

房间
fángjiān 방

来
lái 오다

这(这儿)(2)
zhè(zhèr)

여기, 이곳

商店
shāngdiàn 상점

那(那儿)(2)
nà(nàr)

저기, 그곳

学校
xuéxiào 학교

医生
yīshēng 의사

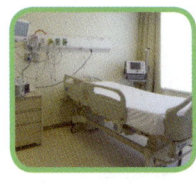

医院
yīyuàn 병원

了
le 동작의 완료

 중국 속으로!

Q: 중국에서는 '피자'가 '비싸'?

A: 중국어로 표기한 재밌는 외래어가 많은데 그 중에 피자는 '比萨 bǐsà'라고 우리 발음으로 하면 '비싸'라고 발음해. 또 코카콜라는 '可口可乐 kěkǒu kělè'라고 하는데 발음도 비슷할뿐더러 '맛있어서 마실수록 즐겁다.'는 뜻이래.

qù
去
가다

Nǐ qù nǎr?
你去哪儿?
넌 어디 가니?

lái
来
오다

Lǎoshī lái le.
老师来了。
선생님께서 오셨어.

shāngdiàn
商店
상점

Māma qù shāngdiàn.
妈妈去商店。
엄마는 상점에 가셔.

xuéxiào
学校
학교

Wǒ qù xuéxiào.
我去学校。
나는 학교에 가.

yīyuàn
医院
병원

Jiějie qù yīyuàn.
姐姐去医院。
누나(언니)는 병원에 가.

fángjiān 房间 방	**Wǒ de fángjiān hěn dà.** 我的房间很大。 내 방은 정말 커.

zhè(zhèr) 这(这儿) 여기, 이곳	**Nǐ de shūbāo zài zhèr.** 你的书包在这儿。 너의 책가방은 여기 있어.

nà(nàr) 那(那儿) 저기, 그곳	**Xiǎomāo zài nàr.** 小猫在那儿。 아기 고양이는 저기 있어.

yīshēng 医生 의사	**Wǒ gēge shì yīshēng.** 我哥哥是医生。 우리 오빠(형)는 의사야.

le 了 동작의 완료	**Zuótiān wǒ chī le miàntiáo.** 昨天我吃了面条。 어제 나는 국수를 먹었어.

듣기 3 부분 CD-35

녹음의 대화를 듣고 내용과 가장 일치하는 사진을 A, B, C 중에 골라 ✓ 표를 하세요.

1

A   B   C

2

A   B   C

듣기 4 부분 CD-36

녹음의 질문을 듣고 이어서 들려주는 A, B, C 답변 가운데 정답과 가장 일치하는 것을 골라 ✓표를 하세요.

3

fángjiān hěn dà	tā lái le	tā bú zài
A 房间很大	B 他来了	C 他不在

읽기 3 부분

문장을 읽고 가장 어울리는 대답을 보기에서 골라 ☐ 안에 써넣으세요.

1 Nǐ chī le shénme?
你吃了什么?   ☐

2 Míngtiān nǐ lái ma?
明天你来吗?   ☐

Bāozi.
A 包子。

Wǒ lái.
B 我来。

읽기 4 부분

문장을 읽고 ( ) 안에 들어갈 알맞은 단어를 보기에서 골라 써넣으세요.

yīshēng   shāngdiàn
A 医生   B 商店

3 Bàba,   nǐ qù nǎr?
A: 爸爸,你去哪儿?
Wǒ qù
B: 我去（　　）。

4 Tā shì   ma?
A: 他是（　　）吗?
Búshì,   shì lǎoshī.
B: 不是,是老师。

13 구매
这个多少钱?
Zhège duōshao qián?

구매에 대한 표현을 익혀보고
가격이 얼마인지 묻고 대답해 보세요.

테마별 표현 익히기

你买什么?
Nǐ mǎi shénme?

我要买苹果。
Wǒ yào mǎi píngguǒ.

这个多少钱?
Zhège duōshao qián?

那个很漂亮。
Nàge hěn piàoliang.

买
mǎi 사다

那个
nàge 그것

多少
duōshao 얼마

哪个
nǎge 어느 것

钱
qián 돈

苹果
píngguǒ 사과

块
kuài 화폐 단위, 위안

香蕉
xiāngjiāo 바나나

这个
zhège 이것

多大
duōdà
얼마나 커

🔖 YCT 보충단어 这个, 那个, 哪个, 多大

중국 속으로!

Q: 겨우 100원 주는 거야?

A: 중국의 화폐는 런민비 '人民币 Rénmínbì'라고 해. 가장 큰 금액이 100원 '元 yuán'인데 한국 돈 100원을 생각하면 안 돼. 중국 돈 100원이면 연필 몇십 자루를 사고두 남는 돈이거든.

mǎi	Nǐ mǎi shénme?
买	你买什么?
사다	너는 무엇을 사니?

duōshao	Nǐ mǎi duōshao?
多少	你买多少?
얼마, 몇	너는 얼마나 살 거야?

qián	Zhège duōshao qián?
钱	这个多少钱?
돈	이거 얼마예요?

kuài	Wǒ yǒu shí kuài qián.
块	我有十块钱。
화폐 단위, 위안	나는 10위안이 있어.

zhège	Wǒ búyào zhège.
这个	我不要这个。
이것	나는 이것을 원하지 않아.

nàge
那个
그것

Nàge hěn piàoliang.
那个很漂亮。
그거 정말 예쁘다.

nǎge
哪个
어느 것

Nǐ xǐhuan nǎge?
你喜欢哪个？
너는 어느 걸 좋아하니?

píngguǒ
苹果
사과

Wǒ yào mǎi píngguǒ.
我要买苹果。
나는 사과를 사려고 해.

xiāngjiāo
香蕉
바나나

Wǒ bù mǎi xiāngjiāo.
我不买香蕉。
나는 바나나 안 사.

duōdà
多大
얼마나 커
몇 살이야?

Nǐ yào mǎi duōdà de zhuōzi?
你要买多大的桌子？
너는 얼마나 큰 의자를 살 거야?

듣기 1 부분

녹음을 듣고 사진과 일치하면 ✔ 표를, 일치하지 않으면 ✕ 표를 하세요.

1

듣기 2 부분

녹음을 듣고 내용과 가장 일치하는 사진을 A, B, C, D 중에 골라 ☐ 안에 써넣으세요.

A

B

C

D

2 ☐   **3** ☐   **4** ☐   **5** ☐

테마별 읽기 연습

읽기 1 부분

문장과 그림이 일치하면 ✓ 표를, 일치하지 않으면 ✕ 표를 하세요.

yí ge píngguǒ
一个苹果

읽기 2 부분

대화문을 읽고 내용과 가장 일치하는 사진을 A, B 중에 골라 ☐ 안에 써넣으세요.

A 　　　B

2
Xiāngjiāo duōshao qián?
A：香蕉多少钱?

Yí ge shí kuài qián.
B：一个十块钱。

3
Zuótiān nǐ mǎi le shénme?
A：昨天你买了什么?

Wǒ mǎi le shū.
B：我买了书。

13 구매 这个多少钱?　87

14 동사
我会说汉语。
Wǒ huì shuō Hànyǔ.

동사표현을 익히고
무엇을 할 수 있는지 묻고 대답해 보세요.

테마별 표현 익히기

我会说汉语。
Wǒ huì shuō Hànyǔ.

他喜欢打篮球。
Tā xǐhuan dǎ lánqiú.

你在画什么?
Nǐ zài huà shénme?

请坐这儿。
Qǐng zuò zhèr.

玩儿
wánr 놀다

看
kàn 보다

打篮球
dǎ lánqiú 농구를 하다

做
zuò 하다

学习
xuéxí 공부하다

会
huì 할 수 있다

画
huà 그리다, 그림

请
qǐng 부탁하다, ~하세요

汉语
Hànyǔ 중국어

坐
zuò 앉다

说话
shuōhuà 말하다

怎么
zěnme 어떻게, 어째서

중국 속으로!

Q: 쌍절곤이 전쟁무기였다고?

A: 소림사 '少林寺 Shàolínsì' 출신 이소룡은 영화 속에서 쌍절곤을 돌리며 전 세계로 유명해졌는데 그 쌍절곤은 사실 중국 송나라 때부터 만들어져 적군과 적군의 말을 공격하는 무기였대!

wánr
玩儿
놀다

Wǒ hé xiǎogǒu wánr.
我和小狗玩儿。
나와 강아지는 놀아.

dǎ lánqiú
打篮球
농구를 하다

Tā xǐhuan dǎ lánqiú.
他喜欢打篮球。
그는 농구 하는 것을 좋아해.

xuéxí
学习
공부하다

Wǒmen xuéxí Hànyǔ.
我们学习汉语。
우리는 중국어를 공부해.

huà
画
그리다, 그림

Nǐ zài huà shénme?
你在画什么?
너는 무엇을 그리고 있니?

Hànyǔ
汉语
중국어

Wǒ huì shuō Hànyǔ.
我会说汉语。
나는 중국어를 할 수 있어.

shuōhuà
说话
말하다

Qǐng búyào shuōhuà.
请不要说话。
말하지 마세요.(떠들지 말아주세요.)

kàn 看 보다	**Bàba xǐhuan kàn diànshì.** 爸爸喜欢看电视。 아빠는 텔레비전 보는 걸 좋아해.	
zuò 做 하다	**Nǐ huì zuò miàntiáo ma?** 你会做面条吗? 너는 국수를 만들 줄 아니?	
huì 会 할 수 있다	**Nǐ huì huà huà ma?** 你会画画吗? 너는 그림 그릴 줄 아니?	
qǐng 请 부탁하다, ~하세요	**Qǐng hē chá.** 请喝茶。 차 좀 드세요.	
zuò 坐 앉다	**Qǐng zuò zhèr.** 请坐这儿。 여기 앉으세요.	
zěnme 怎么 어떻게, 어째서	**Xiǎogǒu zěnme huà?** 小狗怎么画? 강아지는 어떻게 그려?	

듣기 3 부분 CD-41

녹음의 대화를 듣고 내용과 가장 일치하는 사진을 A, B, C 중에 골라 ✓ 표를 하세요.

1
A   B   C

2
A   B   C

듣기 4 부분 CD-42

녹음의 질문을 듣고 이어서 들려주는 A, B, C 답변 가운데 정답과 가장 일치하는 것을 골라 ✓표를 하세요 .

3

shū hěn duō	wǒ huì	zhēn piàoliang
A 书很多	B 我会	C 真漂亮

읽기 3 부분

문장을 읽고 가장 어울리는 대답을 보기에서 골라 ☐ 안에 써넣으세요.

1 Nǐ zài huà shénme?
你在画什么？

☐

2 Nǐ dìdi xuéxí zěnmeyàng?
你弟弟学习怎么样？

☐

A Huà píngguǒ.
画苹果。

B Hěn hǎo.
很好。

읽기 4 부분

문장을 읽고 （ ） 안에 들어갈 알맞은 단어를 보기에서 골라 써넣으세요.

qǐng
A 请

Hànyǔ
B 汉语

3 Shéi huì shuō
A：谁会说（ ）？

Wǒ tóngxué.
B：我同学。

4 bú yào zuò zhèr!
A：（ ）不要坐这儿！

Duìbuqǐ.
B：对不起。

15 일과
现在几点?
Xiànzài jǐ diǎn?

시간을 묻고 답하는 표현을 익히고
서로의 일과를 묻고 대답해 보세요.

테마별 표현 익히기

现在几点?
Xiànzài jǐ diǎn?

现在一点五分。
Xiànzài yī diǎn wǔ fēn.

我早上喝牛奶。
Wǒ zǎoshang hē niúnǎi.

我十点睡觉。
Wǒ shí diǎn shuìjiào.

现在
xiànzài 지금

八点
bā diǎn 8시

点
diǎn 시

早上
zǎoshang 아침

分
fēn 분

晚上
wǎnshang 저녁

分钟
fēnzhōng 분

起床
qǐchuáng 일어나다

两点
liǎng diǎn 2시

睡觉
shuìjiào 잠자다

五点
wǔ diǎn 5시

可以
kěyǐ 가능하다

📎 YCT 보충단어 分, 两点, 五点, 八点

중국 속으로!

Q: 우리나라는 중국하고 시차가 얼마나 커?

A: 서울에서 가장 가까운 중국에 위해 '威海 Wēihǎi' 라는 도시는 우리나라 부산보다 가까워. 재밌는 건 1시 비행기를 타고 중국에 도착하면 여전히 1시! 이유는 중국이 한국 보다 1시간 느리기 때문이야.

xiànzài

现在

지금, 현재

Xiànzài jǐ diǎn?

现在几点?

지금 몇 시야?

---

diǎn

点

시

Xiànzài yī diǎn.

现在一点。

지금은 1시야.

---

fēn

分

분

Xiànzài yī diǎn wǔ fēn.

现在一点五分。

지금은 1시 5분이야.

---

fēnzhōng

分钟

분, 동안

Zuótiān wǎnshang xuéxí le sìshí fēnzhōng.

昨天晚上学习了四十分钟。

어제 저녁에 40분 동안 공부했어.

❖ 분의 양을 표현할 때

---

liǎng diǎn

两点

2시

Wǒmen liǎng diǎn jiàn.

我们两点见。

우리 2시에 만나.

---

wǔ diǎn

五点

5시

Wǔ diǎn dǎ lánqiú.

五点打篮球。

5시에 농구를 해.

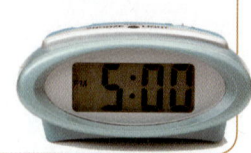

bā diǎn **八点** 8시	Bā diǎn qù xuéxiào. **八点去学校。** 8시에 학교에 가.
zǎoshang **早上** 아침	Wǒ zǎoshang hē niúnǎi. **我早上喝牛奶。** 나는 아침에 우유를 마셔. 
wǎnshang **晚上** 저녁	Wǎnshang kàn diànshì. **晚上看电视。** 저녁에 텔레비전을 봐.
qǐchuáng **起床** 일어나다	Nǐ jǐ diǎn qǐchuáng? **你几点起床?** 너는 몇 시에 일어나니?
shuìjiào **睡觉** 잠자다	Wǒ shí diǎn shuìjiào. **我十点睡觉。** 나는 10시에 잠을 자.
kěyǐ **可以** 가능하다	Wǒ kěyǐ zuò zhèr ma? **我可以坐这儿吗?** 나 여기 앉아도 되니? 

듣기 1 부분 CD-44

녹음을 듣고 사진과 일치하면 ✓ 표를, 일치하지 않으면 ✕ 표를 하세요.

1

듣기 2 부분 CD-45

녹음을 듣고 내용과 가장 일치하는 사진을 A, B, C, D 중에 골라 ☐ 안에 써넣으세요.

A

B

C

D

2 　　**3** 　　**4** 　　**5**

읽기 1 부분

문장과 그림이 일치하면 ✓ 표를, 일치하지 않으면 ✗ 표를 하세요.

1

zài shuìjiào
在 睡觉

읽기 2 부분

대화문을 읽고 내용과 가장 일치하는 사진을 A, B 중에 골라 ☐ 안에 써넣으세요.

A    B

2
Nǐ   jǐ diǎn qǐchuáng?
A：你几点起床？

Zǎoshang qī diǎn.
B：早上七点。

3
Nǐmen xiànzài qù dǎ lánqiú ma?
A：你们现在去打篮球吗？

Xiànzài bú qù,   sì diǎn sānshí fēn qù.
B：现在不去，四点三十分去。

YCT 2급
실전 연습

1 YCT 소개 및 YCT 2급 시험 정보

2 영역별 문제유형 미리 보기

3 실전 모의고사 1회

4 실전 모의고사 2회

5 실전 모의고사 3회

6 실전 모의고사 4회

7 답안카드

YCT 란?

① YCT는 어떤 시험이죠?

YCT 정식 명칭은 청소년중국어시험(中小学生汉语考试)으로 영문으로는 Youth Chinese Test로 표기하며 약칭으로 YCT라고 합니다. 제 1언어가 중국어가 아닌 어린이와 청소년의 중국어 학습을 격려하고 능력을 평가하는 중국교육부에서 인정한 표준화된 중국어 시험으로 중국과 해외에서 동시에 실시하고 있습니다.

② YCT 시험 성적표의 용도

⊙ 응시자가 자신의 중국어 능력을 이해하고 실력을 높이는 참고자료로 활용

⊙ 외고, 특목고, 국제중 등 진학을 희망하는 경우 중국어 실력에 대한 실력증명 자료로 활용

⊙ 학교, 학원, 중국어 지도 단체의 중국어 지도에 대한 평가 혹은 효과를 증명하는 참고자료로 활용

③ YCT 시험 구성

YCT 시험 구성은 크게 필기 시험과 구술 시험의 두 종류가 있으며, 필기 시험에는 YCT 1~4급, 회화 시험에는 YCT 초급과 중급이 있습니다. 두 시험은 각각 따로이며 응시자는 필요로 하는 등급에 응시하여 성적을 취득하면 됩니다.

필기	회화
YCT 4급	YCT 중급
YCT 3급 ~ 1급	YCT 초급

YCT 시험의 등급 구분 (필기시험 1~4급)

신YCT 신HSK	어휘량	국제 중국어 능력 표준	유럽 언어 공동 참고 체계(CEF)
YCT 4급 (HSK 3급과 동일)	600	3급	B1
YCT 3급 (HSK 2급과 동일)	300	2급	A2
YCT 2급 (HSK 1급과 동일)	150	1급	A1
YCT 1급	80	–	–

YCT 2급 시험 정보

① YCT 2급 시험 대상

매주 2~3시간씩 1학기 또는 매주 1시간씩 12개월 정도 중국어 학습을 한 경우나 가장 일상적인 150개의 중국어 단어와 관련 문법을 파악한 경우 가능합니다.

② YCT 2급 시험 내용

시험내용		문항수		시험시간
듣기	제 1부분(판단문제)	5		
	제 2부분(선택문제)	5	20	약 15분
	제 3부분(판단문제)	5		
	제 4부분(선택문제)	5		
읽기	제 1부분(판단문제)	5		
	제 2부분(선택문제)	5	20	약 25분
	제 3부분(선택문제)	5		
	제 4부분(선택문제)	5		
답안지 작성				5분
합계		40		약 45분

※ 시험전체 시간 약 50분 (학생의 답지 작성시간 5분 포함 – 성명, 수험번호 등)

③ 성적

성적표는 듣기, 읽기 두 영역의 점수 및 총점이 기재되며, 총점이 120점 이상을 획득해야 한다.

* 자세한 YCT 관련 내용은 http://www.hsk-korea.co.kr에서 보실 수 있습니다.

	만점	점수
듣기	100	
읽기	100	
총점	200	

〈듣기 제1부분〉

유형

듣기 1부분은 총 5문항으로 들려주는 녹음 내용과 제시된 사진이 일치하는지 판단하는 문제입니다. 일치하면 ✓표를, 일치하지 않으면 ✕ 표를 하세요.

예제

例如:

| ✓ | ✕ |

녹음 내용

例如: liǎng ge xiāngjiāo
两个 香蕉

kàn diànshì
看 电视

해석

바나나 두 개

텔레비전을 보다

풀이방법

❶ 녹음 내용에서 핵심 단어는 바나나[香蕉 xiāngjiāo]입니다.
제시된 사진이 바나나와 일치함으로 정답 칸에 ✓표시합니다. 참 쉽죠?

❷ 녹음 내용에서 핵심 단어는 텔레비전[电视 diànshì]입니다.
제시된 사진은 그림을 그리고 있는 모습이므로 녹음 내용과 일치하지 않습니다.
따라서 정답 칸에 ✕표시 합니다.

〈듣기 제2부분〉

유형

듣기 2부분은 들려주는 녹음 내용과 제시된 A, B, C, D, E, F 사진 가운데 가장 일치하는 사진을 중복되지 않게 한 번씩만 선택하여 정답을 고르는 문제입니다.

예제

A

B

C

D

E

F

녹음 내용

Wǒ mèimei yí suì.

例如 : 我 妹妹 一 岁。　　[C]

해석

내 여동생은 한 살입니다.

풀이방법

❶ 녹음 내용에서 핵심 단어 여동생[妹妹 mèimei]를 들었다면 쉽게 풀 수 있습니다.

❷ 다른 A, B, E, D, F의 사진은 인물 사진이 아니므로 원피스를 입고 있는 여동생 사진 C만이 정답입니다.

〈듣기 제3부분〉

유형

듣기 3부분은 들려주는 대화의 녹음 내용과 제시된 A, B, C 사진 가운데 가장 일치하는 사진 하나를 정답으로 고르는 문제입니다.

예제

例如:			
	A	B ✓	C

녹음 내용

例如　A : 哥哥，你去哪儿？
Gēge, nǐ qù nǎr?

　　　B : 我去 商店 买牛奶。
Wǒ qù shāngdiàn mǎi niúnǎi.

해석

A : 오빠, 어디 가?

B : 나는 마트에 우유 사러 가.

풀이방법

❶ 녹음에서 들려주는 두 사람의 대화 내용에서 핵심 단어는 우유[牛奶 niúnǎi]입니다.

❷ 제시된 사진 가운데 핵심 단어와 관련 있는 우유 사진 B옆에 ✓표시 합니다. 간단하죠?

〈듣기 제4부분〉

듣기 4부분은 들려주는 녹음의 질문을 먼저 듣고 이어서 들려주는 A, B, C 답변 가운데 정답과 가장 일치하는 것을 고르는 문제입니다.

예제

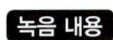

Míngtiān tiānqì zěnmeyàng?
明天　天气 怎么样?

例如:	bǐ　jīntiān lěng A 比 今天 冷 ✓	xīngqīsān B 星期三	qù xuéxiào C 去学校

해석

내일은 날씨가 어때?

A 오늘보다 추워　　　　 B 수요일　　　 C 학교에 가

풀이방법

❶ 녹음 내용에서 핵심 단어인 날씨[天气 tiānqì]와 관련된 표현을 우선 찾습니다.

❷ B는 '수요일', C는 '학교에 간다'라는 뜻으로 정답은 날씨와 연관된 단어 춥다[冷 lěng]이 있는 A입니다.

〈읽기 제1부분〉

읽기 1부분은 제시된 사진과 제시된 구(단어)가 일치하는지 판단하는 문제입니다.
일치하면 ✓ 표를, 일치하지 않으면 ✗ 표를 하세요.

예 제

例如:

xiǎomāo 小猫 ✗	diànshì 电视 ✓

해 석

고양이   텔레비전

풀이방법

❶ 첫 번째 제시된 사진은 새입니다. 읽기 문제에 제시된 단어 고양이[小猫 xiǎomāo]는 사진과 일치하지 않기 때문에 정답은 ✗입니다.

❷ 두 번째 제시된 사진은 텔레비전이며 제시된 단어도 텔레비젼[电视 diànshì]로 일치함으로 정답은 ✓입니다.

〈읽기 제2부분〉

유형

읽기 2부분은 제시된 대화 문장의 내용과 A, B, C, D, E, F 사진 가운데 가장 일치하는 사진을 중복되지 않게 한 번씩만 선택하여 정답을 고르는 문제입니다.

예제

A

B

C

D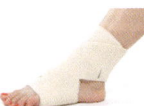

E

F

대화 문장

例如 :

A : Wǒ de qiānbǐ ne?
我 的 铅笔 呢?

B : Zài shūbāo lǐ.
在 书包 里。

F

해석

A : 내 연필은?

B : 책가방 안에.

풀이방법

❶ 대화에서 핵심 단어는 연필[铅笔 qiānbǐ], 책가방[书包 shūbāo]입니다.

❷ 제시된 사진 중에 문장 속 핵심 단어인 연필과 책가방이 나오는 사진 E가 정답임을 쉽게 알 수 있습니다.

〈읽기 제3부분〉

유형

읽기 3부분은 문제에 주어진 문장을 읽고 제시된 보기 A, B, C, D, E, F 가운데 가장 어울리는 대답을 중복되지 않도록 한 번씩만 선택하여 정답을 고르는 문제입니다.

예제

例如:	Xiànzài jǐ diǎn? 现在 几点?	□ C		Hěn hǎo. A 很 好。
		□		Píngguǒ. B 苹果。
		□		Bā diǎn. C 八点。
		□		Péngyou de. D 朋友 的。
		□		Liǎng kuài. E 两 块。
		□		Kàn diànshì. F 看 电视。

해석

지금 몇 시야?
A 매우 좋아.   B 사과야.   C 8시야.
D 친구 것이야.   E 2원이야.   F 텔레비전을 봐.

풀이방법

❶ 예제 문장을 읽어 보면 핵심단어 몇 시[几点 jǐ diǎn]으로 시간을 묻는 문제임을 알 수 있습니다.

❷ 질문에 맞는 답변으로 제시된 보기 중에 시간을 말하는 8시[八点 Bā diǎn], C가 정답입니다.

〈읽기 제4부분〉

유형

읽기 4부분은 대화 내용을 읽고 괄호 안에 들어갈 알맞은 단어를 제시된 보기 A, B, C, D, E, F 가운데 골라 대화를 완성하는 문제입니다.

예제

xièxie	niúnǎi	zěnmeyàng	míngzi	bǐ	hóng sè
A 谢谢	B 牛奶	C 怎么样	D 名字	E 比	F 红色

例如:

     Nǐ jiào shénme
A : 你 叫 什么 (　　D　　)?
     Wǒ jiào Bīngbing.
B : 我 叫 冰冰。

해석

A 고마워　B 우유　C 어때　D 이름　E ~보다　F 빨간색

A : 너 (　　)은 뭐니?

B : 나는 빙빙이라고 해.

풀이방법

❶ 대화 내용을 먼저 읽어 보면서 괄호 안에 들어갈 부분을 제외한 나머지의 뜻을 생각해봅니다.

❷ 질문에서 핵심 단어 부르다 [叫 jiào]는 이름을 묻고 답할 때 많이 사용하며, B의 대답이 '나는 빙빙이라고 해.'라는 대답으로 보아 정답은 D 이름 [名字 míngzi]라는 것을 알 수 있습니다.

新中小学生汉语考试
YCT（二级）样卷

全真模拟试题 1

注　　意

一、YCT（二级）分两部分：

    1．听力（20题，约15分钟）

    2．阅读（20题，25分钟）

二、答案先写在试卷上，最后5分钟再写在答题卡上。

三、全部考试约50分钟。（含考生填写个人信息时间5分钟）

中国　　北京××××/×××××××　　编制

一、听 力

第一部分

第 1-5 题

例如：

✓

✗

1.

2.

3.

4.

5.

第二部分

第 6-10 题

A

B

C

D

E

F

Wǒ mèimei yí suì.
例如：我 妹妹 一 岁。　　　　　C

6.

7.

8.

9.

10.

第三部分

例如			
	A	B ✓	C
11.			
	A	B	C
12.			
	A	B	C
13.			
	A	B	C

14.			
	A	B	C
15.			
	A	B	C

第四部分

第 16-20 题

例如：
Míngtiān tiānqì zěnmeyàng?
明天 天气 怎么样?

A 比 今天 冷 ✓
bǐ jīntiān lěng

B 星期三
xīngqīsān

C 去 学校
qù xuéxiào

16.
A 他 个子 高
tā gèzi gāo

B 他 比 我 大
tā bǐ wǒ dà

C 他 九 岁 了
tā jiǔ suì le

17.
A 很 多 面条
hěn duō miàntiáo

B 今天 没有 包子
jīntiān méiyǒu bāozi

C 我 要 去
wǒ yào qù

18.
A 不 会
bú huì

B 不 喜欢
bù xǐhuan

C 很 高兴
hěn gāoxìng

19.
A 不客气
búkèqi

B 没关系
méiguānxi

C 谢谢
xièxie

20.
A 同学 的
tóngxué de

B 我 的 铅笔
wǒ de qiānbǐ

C 多少 钱
duōshao qián

二、阅 读

第一部分

第 21—25 题

例如	xiǎomāo 小猫 ✗		diànshì 电视 ✓
21.	hěn duō 很 多	22.	sān zhī gǒu 三 只 狗
23.	huà huàr 画 画儿	24.	gēge hé mèimei 哥哥 和 妹妹
25.	chī mǐfàn 吃 米饭		

第二部分

第 26－30 题

A

B

C

D

E

F

例如：
A: Wǒ de qiānbǐ ne?
我 的 铅笔 呢？

B: Zài shūbāo lǐ.
在 书包 里。

F

26.
A: Bàba zěnme bù qǐchuáng ne?
爸爸 怎么 不 起床 呢？

B: Jīntiān xīngqītiān.
今天 星期天。

☐

27.
A: Nǐ jiǎo zěnme le?
你 脚 怎么 了？

B: Méiguānxi, wǒ zuótiān qù kàn yīshēng le.
没关系，我 昨天 去 看 医生 了。

☐

28.
A: Wǒ hěn xǐhuan nà zhī niǎo.
我 很 喜欢 那 只 鸟。

B: Wǒ yě xǐhuan.
我 也 喜欢。

☐

29.
A: Jīntiān wǎnshang chī shénme?
今天 晚上 吃 什么？

B: Chī bāozi zěnmeyàng?
吃 包子 怎么样？

☐

30.
A: Nǐ de Hànyǔ zhēn hǎo!
你 的 汉语 真 好！

B: Wǒ xué le liǎng nián le.
我 学 了 两 年 了。

☐

第三部分

第 31-35 题

Xiànzài jǐ diǎn?
例如：现在 几 点？

[C]

Hěn hǎo.
A 很 好。

Nà shì shéi de māo?
31. 那 是 谁 的 猫？

[ ]

Píngguǒ.
B 苹果。

Gēge zài zuò shénme?
32. 哥哥 在 做 什么？

[ ]

Bā diǎn.
C 八点。

Zhège qiānbǐ duōshao qián?
33. 这个 铅笔 多少 钱？

[ ]

Péngyou de.
D 朋友 的。

Nǐ dìdi xuéxí zěnmeyàng?
34. 你 弟弟 学习 怎么样？

[ ]

Liǎng kuài.
E 两 块。

Nǐ zài huà shénme ne?
35. 你 在 画 什么 呢？

[ ]

Kàn diànshì.
F 看 电视。

第四部分

第 36－40 题

A 谢谢 _{xièxie}　　B 比 _{bǐ}　　C 牛奶 _{niúnǎi}　　D 名字 _{míngzi}　　E 红色 _{hóng sè}　　F 怎么样 _{zěnmeyàng}

例如：A：你 叫 什么（ D ）?
Nǐ jiào shénme

　　　B：我 叫 冰冰。
Wǒ jiào Bīngbing.

36.　A：你 的 眼睛 很 漂亮。
Nǐ de yǎnjing hěn piàoliang.

　　　B：（　　）。

37.　A：她 多大 了?
Tā duōdà le?

　　　B：（　　）你 大 两 岁。
nǐ dà liǎng suì.

38.　A：这个 包子（　　）?
Zhège bāozǐ

　　　B：真 好吃。
Zhēn hǎo chī.

39.　A：妈妈，你 买（　　）了 吗?
Māma, nǐ mǎi le ma?

　　　B：没有，我 明天 去 商店。
Méiyǒu, wǒ míngtiān qù shāngdiàn.

40.　A：我 家 有 两 只（　　）的 鸟。
Wǒ jiā yǒu liǎng zhī de niǎo.

　　　B：真 漂亮。
Zhēn piàoliang.

新中小学生汉语考试
YCT（二级）样卷

全真模拟试题 2

注　　意

一、YCT（二级）分两部分：

    1．听力（20题，约15分钟）

    2．阅读（20题，25分钟）

二、答案先写在试卷上，最后5分钟再写在答题卡上。

三、全部考试约50分钟。（含考生填写个人信息时间5分钟）

中国　　北京××××/××××××　　编制

一、听 力

第一部分

第 1-5 题

例如：

✓

✗

1.

2.

3.

4.

5.

第二部分

第 6−10 题

A

B

C

D

E

F

Wǒ mèimei yí suì.
例如：我 妹妹 一 岁。

C

6.

7.

8.

9.

10.

第三部分

第 11-15 题

例如	 A	 B ✓	 C
11.	 A	 B	 C
12.	 A	 B	 C
13.	 A	 B	 C

14.			
	A	B	C
15.			
	A	B	C

第四部分

第 16−20 题

例如： *Míngtiān tiānqì zěnmeyàng?*
明天 天气 怎么样？

A *bǐ jīntiān lěng* 比 今天 冷 ✓　　　B *xīngqīsān* 星期三　　　C *qù xuéxiào* 去 学校

16. A *hóngsè de* 红色 的　　　B *búyào* 不要　　　C *hěn hǎochī* 很 好吃

17. A *tā bú qù xuéxiào* 她 不 去 学校　　　B *tā qù shāngdiàn le* 她 去 商店 了　　　C *tā sānshí wǔ suì le* 她 35 岁 了

18. A *hěn dà* 很 大　　　B *shí kuài qián* 十 块 钱　　　C *wǒ ài chī* 我 爱 吃

19. A *bǐ wǒ gāo* 比 我 高　　　B *wǔ suì* 5 岁　　　C *tóufa cháng* 头发 长

20. A *wǒ shì lǎoshī* 我 是 老师　　　B *wǒ qù xuéxiào* 我 去 学校　　　C *tā shì wǒ péngyou* 他 是 我 朋友

二、阅 读

第一部分

第 21－25 题

例如	xiǎomāo 小猫 ✗		diànshì 电视 ✓
21.	chī bāozi 吃 包子	22.	wǔ kǒu rén 五 口 人
23.	hē shuǐ 喝 水	24.	zhuōzi hé yǐzi 桌子 和 椅子
25.	xiǎogǒu 小狗		

第二部分

第 26-30 题

A

B

C

D

E

F

例如: A: Wǒ de qiānbǐ ne?
我 的 铅笔 呢?　　B: Zài shūbāo lǐ.
在 书包 里。　　F

26. A: Nǐ xǐhuan xiǎomāo ma?
你 喜欢 小猫 吗?
B: Wǒ xǐhuan xiǎogǒu.
我 喜欢 小狗。

27. A: Qiānbǐ zài nǎr?
铅笔 在 哪儿?
B: Qiānbǐ zài zhuōzi shàngmiàn.
铅笔 在 桌子 上面。

28. A: Nǐ mǎi le duōshao xiāngjiāo?
你 买 了 多少 香蕉?
B: Wǒ mǎi le hěn duō.
我 买 了 很 多。

29. A: Tā zài zuò shénme?
她 在 做 什么?
B: Tā zài chī miàntiáo.
她 在 吃 面条。

30. A: Nǐ huì dǎ lánqiú ma?
你 会 打 篮球 吗?
B: Wǒ huì, wǒ hěn xǐhuan.
我 会, 我 很 喜欢。

第三部分

第 31-35 题

Xiànzài jǐ diǎn?
例如：现在 几 点？   　　[C]   　　Wǒ jiějie.
　　　　　　　　　　　　　　　　A 我 姐姐。

Jiějie bǐ nǐ dà jǐ suì?
31. 姐姐 比 你 大 几 岁？   [ ]   Bù lěng.
　　　　　　　　　　　　　　　　B 不 冷。

Miàntiáo shéi zuò de?
32. 面条 谁 做 的？   [ ]   Bā diǎn.
　　　　　　　　　　　　　　　　C 八 点。

Nǐ juéde lěng ma?
33. 你 觉得 冷 吗？   [ ]   Xuéxiào.
　　　　　　　　　　　　　　　　D 学校。

Nǐ mǎi jǐ ge?
34. 你 买 几 个？   [ ]   Liǎng ge.
　　　　　　　　　　　　　　　　E 两 个。

Nǐ dìdi qù nǎr le?
35. 你 弟弟 去 哪儿 了？   [ ]   Sān suì.
　　　　　　　　　　　　　　　　F 三 岁。

第四部分

第 36－40 题

A 可以 （kěyǐ）　B 学习 （xuéxí）　C 多少 （duōshao）　D 名字 （míngzi）　E 认识 （rènshi）　F 喝 （hē）

例如：A：你 叫 什么 （ D ）？ （Nǐ jiào shénme）

　　　B：我 叫 冰冰。 （Wǒ jiào Bīngbing.）

36.　A：你 的 房间 是 （　）号？ （Nǐ de fángjiān shì hào?）

　　　B：305号。 （Sān líng wǔ hào.）

37.　A：你 的 汉语 很 好。 （Nǐ de Hànyǔ hěn hǎo.）

　　　B：我 汉语 （　）了 一 年 了。 （Wǒ Hànyǔ le yì nián le.）

38.　A：我 （　）坐 这儿 吗？ （Wǒ zuò zhèr ma?）

　　　B：没关系，请 坐。 （Méiguānxi, qǐng zuò.）

39.　A：你 怎么 （　）他 呢？ （Nǐ zěnme tā ne?）

　　　B：他 是 我们 学校 的 老师。 （Tā shì wǒmen xuéxiào de lǎoshī.）

40.　A：这个 红茶 怎么样？ （Zhège hóngchá zěnmeyàng?）

　　　B：很 好 （　）。 （Hěn hǎo）

新中小学生汉语考试
YCT（二级）样卷

全真模拟试题 3

注　　意

一、YCT（二级）分两部分：

    1．听力（20题，约15分钟）

    2．阅读（20题，25分钟）

二、答案先写在试卷上，最后5分钟再写在答题卡上。

三、全部考试约50分钟。（含考生填写个人信息时间5分钟）

中国　　北京××××/××××××　　编制

一、听 力

第一部分

第 1-5 题

例如：

✓

×

1.

2.

3.

4.

5.

第二部分

A

B

C

D

E

F

Wǒ mèimei yí suì.

例如：我 妹妹 一 岁。　　　　　　　　　　C

6.　　　□

7.　　　□

8.　　　□

9.　　　□

10.　　　□

第三部分

第 11−15 题

例如			
	A	B ✓	C
11.			
	A	B	C
12.			
	A	B	C
13.			
	A	B	C

14.			
	A	B	C
15.			
	A	B	C

第四部分

第 16-20 题

例如：
Míngtiān tiānqì zěnmeyàng?
明天 天气 怎么样?

    bǐ jīntiān lěng
A 比 今天 冷 ✓

    xīngqīsān
B 星期三

    qù xuéxiào
C 去 学校

16.
    hěn rè
A 很 热

    xīngqī'èr
B 星期二

    liǎng diǎn
C 两 点

17.
    wǒ bù gāoxìng
A 我 不 高兴

    lǐmiàn hěn rè
B 里面 很 热

    bǐ jīntiān lěng hěn duō
C 比 今天 冷 很 多

18.
    shì de, xièxie
A 是的，谢谢

    shū zài zhèli
B 书 在 这里

    wǒ de qiānbǐ
C 我 的 铅笔

19.
    tā hē shuǐ
A 他 喝 水

    tā bù chī
B 他 不 吃

    qù shāngdiàn le
C 去 商店 了

20.
    wǒ bàba
A 我 爸爸

    tā shì lǎoshī
B 她 是 老师

    bú zài fángjiān
C 不 在 房间

二、阅 读

第一部分

第 21－25 题

例如	 xiǎomāo 小猫 ✗		 diànshì 电视 ✓
21.	 hē shuǐ 喝 水	22.	 xǐhuan xióngmāo 喜欢 熊猫
23.	 rén hěn duō 人 很 多	24.	 èrshí sān hào 23 号
25.	 bàba hé wǒ 爸爸 和 我		

第二部分

第 26-30 题

A　

B　

C　

D　

E　

F　

例如：
A: Wǒ de qiānbǐ ne?
我 的 铅笔 呢？

B: Zài shūbāo lǐ.
在 书包 里。　　F

26.
A: Dìdi jǐ diǎn qù xuéxiào?
弟弟 几 点 去 学校？

B: Tā jiǔ diǎn qù.
他 九 点 去。

27.
A: Nǐ bízi zěnme hóng le?
你 鼻子 怎么 红 了？

B: Jīntiān tiānqì hěn lěng.
今天 天气 很 冷。

28.
A: Nǐ jiějie tóufa cháng ma?
你 姐姐 头发 长 吗？

B: Shì de, bǐ wǒ de cháng duō le.
是 的，比 我 的 长 多 了。

29.
A: Nǐ kàn, tā zài shuìjiào ne.
你 看，他 在 睡觉 呢。

B: Wǒmen búyào shuōhuà le.
我们 不要 说话 了。

30.
A: Nà shì shéi de niǎo?
那 是 谁 的 鸟？

B: Péngyou de.
朋友 的。

第三部分

第 31-35 题

Xiànzài jǐ diǎn?

例如: 现在 几 点?　　　　　　　|C|　　　　Bú qù.

　　　　　　　　　　　　　　　　　　A 不 去。

Nǐ huì zuò fàn ma?

31. 你 会 做饭 吗?　　　　　　□　　　　Bù, zài shuìjiào.

　　　　　　　　　　　　　　　　　　B 不, 在 睡觉。

Zhège shūbāo zěnmeyàng?

32. 这个 书包 怎么样?　　　　　□　　　　Bā diǎn.

　　　　　　　　　　　　　　　　　　C 八 点。

Míngtiān nǐ qù yīyuàn ma?

33. 明天 你 去 医院 吗?　　　　□　　　　Hěn rè.

　　　　　　　　　　　　　　　　　　D 很 热。

Nǐ mèimei xuéxí ma?

34. 你 妹妹 学习 吗?　　　　　□　　　　Bú huì.

　　　　　　　　　　　　　　　　　　E 不 会。

Jīntiān tiānqì zěnmeyàng?

35. 今天 天气 怎么样?　　　　　□　　　　Hěn piàoliang.

　　　　　　　　　　　　　　　　　　F 很 漂亮。

第四部分

第 36-40 题

A 天气 `tiānqì`　　B 分钟 `fēnzhōng`　　C 个子 `gèzi`　　D 名字 `míngzi`　　E 里 `lǐ`　　F 商店 `shāngdiàn`

例如：A：你 叫 什么 （ D ）？ `Nǐ jiào shénme`

　　　B：我 叫 冰冰。 `Wǒ jiào Bīngbing.`

36.　A：你 昨天 学习 了 吗？ `Nǐ zuótiān xuéxí le ma?`

　　　B：学习 了 30 （　　）。 `Xuéxí le sānshí`

37.　A：明天 （　　）怎么样？ `Míngtiān zěnmeyàng?`

　　　B：比 今天 热。 `Bǐ jīntiān rè.`

38.　A：谁 的 （　　）高？ `Shéi de gāo?`

　　　B：她 比 我 高。 `Tā bǐ wǒ gāo.`

39.　A：房间 （　　）那 两 个 人 是 谁？ `Fángjiān nà liǎng ge rén shì shéi?`

　　　B：是 我 的 同学。 `Shì wǒ de tóngxué.`

40.　A：你 昨天 去 （　　）了 吗？ `Nǐ zuótiān qù le ma?`

　　　B：是 的，昨天 去 了。 `Shì de, zuótiān qù le.`

新中小学生汉语考试
YCT（二级）样卷

全真模拟试题 4

注　　意

一、YCT（二级）分两部分：

    1．听力（20题，约15分钟）

    2．阅读（20题，25分钟）

二、答案先写在试卷上，最后5分钟再写在答题卡上。

三、全部考试约50分钟。（含考生填写个人信息时间5分钟）

中国　　北京××××/××××××　　编制

一、听 力

第一部分

第 1-5 题

例如：

$\checkmark$

$\times$

1.

2.

3.

4.

5.

第二部分

第 6-10 题

A

B

C

D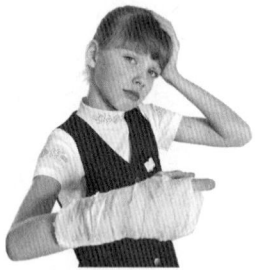

E

F

Wǒ mèimei yí suì.
例如：我 妹妹 一 岁。　　　　　　C

6.　　　　　　

7.　　　　　　

8.

9.　　　　　　

10.

第三部分

第 11-15 题

例如			
	A	B ✓	C
11.			
	A	B	C
12.			
	A	B	C
13.			
	A	B	C

14.			
	A	B	C
15.			
	A	B	C

第四部分

第 16-20 题

例如：
Míngtiān tiānqì zěnmeyàng?
明天 天气 怎么样？

A 比 今天 冷 ✓
bǐ jīntiān lěng

B 星期三
xīngqīsān

C 去 学校
qù xuéxiào

16.
A 很 好吃
hěn hǎochī

B 真 高兴
zhēn gāoxìng

C 我 不 会
wǒ bú huì

17.
A 谢谢
xièxie

B 三 年 了
sān nián le

C 八 岁 了
bā suì le

18.
A 我 认识 她
wǒ rènshi tā

B 她 在 学校
tā zài xuéxiào

C 再见
zàijiàn

19.
A 请 听
qǐng tīng

B 请 看
qǐng kàn

C 请 坐
qǐng zuò

20.
A 我 不要
wǒ búyào

B 很 漂亮
hěn piàoliang

C 我 觉得 红色 好
wǒ juéde hóngsè hǎo

二、阅 读

第一部分

第 21−25 题

例如	 xiǎomāo 小猫 ✗		 diànshì 电视 ✓
21.	 hē niúnǎi 喝 牛奶	22.	 shí diǎn èrshí 10 点 20
23.	 hěn duō qiānbǐ 很 多 铅笔	24.	 rè shuǐ 热 水
25.	 sān kǒu rén 三 口 人		

第二部分

第 26−30 题

A

B

C

D

E

F

例如： A: Wǒ de qiānbǐ ne?
我 的 铅笔 呢？　　B: Zài shūbāo lǐ.
在 书包 里。　　**F**

26. A: Nǐ zǎoshang jǐ diǎn qǐchuáng?
你 早上 几 点 起床？
B: Qī diǎn duō.
7点多。

27. A: Zhège bāozi zěnmeyàng?
这个 包子 怎么样？
B: Hěn hǎochī.
很 好吃。

28. A: Míngtiān tiānqì zěnmeyàng?
明天 天气 怎么样？
B: Bǐ jīntiān rè.
比 今天 热。

29. A: Tā hěn xǐhuan xiǎomāo.
他 很 喜欢 小猫。
B: Wǒ yě xǐhuan.
我 也 喜欢。

30. A: Nǐ de Hànyǔ shū ne?
你 的 汉语 书 呢？
B: Zài zhuōzi shàngmiàn ne.
在 桌子 上面 呢。

第三部分

第 31－35 题

Xiànzài jǐ diǎn?
例如：现在 几 点？ [C]

Xīngqīliù.
A 星期六。

Nǐ de xiǎogǒu jǐ suì le?
31. 你 的 小狗 几 岁 了？ [ ]

Lǎoshī.
B 老师。

Gēge hé shéi shuōhuà ne?
32. 哥哥 和 谁 说话 呢？ [ ]

Bā diǎn.
C 八 点。

Wǔ yuè wǔ hào shì xīngqī jǐ?
33. 五 月 五 号 是 星期 几？ [ ]

èrshí wǔ ge.
D 25个。

Nǐmen xuéxiào yǒu jǐ ge Zhōngguó xuésheng?
34. 你们 学校 有 几 个 中国 学生？ [ ]

Liǎng suì le.
E 两 岁 了。

Nǐ yào hē shénme?
35. 你 要 喝 什么？ [ ]

Rè shuǐ.
F 热 水。

第四部分

第 36-40 题

miàntiáo	lǐ	zěnme	míngzi	Běijīng	duō
A 面条	B 里	C 怎么	D 名字	E 北京	F 多

例如：
A: Nǐ jiào shénme
你 叫 什么 （ D ）?

B: Wǒ jiào Bīngbing.
我 叫 冰冰。

36. A: Tā de gèzi gāo bu gāo?
他 的 个子 高 不 高?

B: Bǐ wǒ gāo le.
比 我 高 （ ）了。

37. A: Xiǎoniǎo huà a?
小鸟 （ ）画 啊?

B: Wǒ yě bú huì.
我 也 不 会。

38. A: Shéi zài nǐ de fángjiān ne?
谁 在 你 的 房间 （ ）呢?

B: Wǒ jiějie hé mèimei.
我 姐姐 和 妹妹。

39. A: Nǐ lái yì nián le ma?
你 来 （ ）1 年 了 吗?

B: Shì, nǐ ne?
是，你 呢?

40. A: Zěnmeyàng, hǎochī ma?
怎么样，好吃 吗?

B: Jīntiān de hěn hǎochī.
今天 的 （ ）很 好吃。

답안카드

■ 中小学生汉语考试 YCT（二级）答题卡 ■

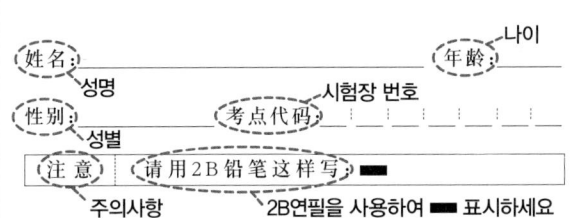

姓名 _____   年龄 ___ 나이
성명
性别 ___   考点代码 _____ 시험장 번호
성별
注意 请用2B铅笔这样写 ▬
주의사항   2B연필을 사용하여 ▬ 표시하세요

考生序号
수험번호

	[0] [1] [2] [3] [4] [5] [6] [7] [8] [9]
	[0] [1] [2] [3] [4] [5] [6] [7] [8] [9]
	[0] [1] [2] [3] [4] [5] [6] [7] [8] [9]
	[0] [1] [2] [3] [4] [5] [6] [7] [8] [9]
	[0] [1] [2] [3] [4] [5] [6] [7] [8] [9]

一、听力 듣기

정답표시 예

1. ▬ [X]
2. [√] ▬
3. [√] ▬
4. ▬ [X]
5. [√] ▬

6. [A] [B] [C] [D] [E] [F]
7. [A] [B] [C] [D] [E] [F]
8. [A] [B] [C] [D] [E] [F]
9. [A] [B] [C] [D] [E] [F]
10. [A] [B] [C] [D] [E] [F]

11. [A] [B] [C]
12. [A] [B] [C]
13. [A] [B] [C]
14. [A] [B] [C]
15. [A] [B] [C]

16. [A] [B] [C]
17. [A] [B] [C]
18. [A] [B] [C]
19. [A] [B] [C]
20. [A] [B] [C]

二、阅读 독해(읽기)

21. [√] [X]
22. [√] [X]
23. [√] [X]
24. [√] [X]
25. [√] [X]

26. [A] [B] [C] [D] [E] [F]
27. [A] [B] [C] [D] [E] [F]
28. [A] [B] [C] [D] [E] [F]
29. [A] [B] [C] [D] [E] [F]
30. [A] [B] [C] [D] [E] [F]

31. [A] [B] [C] [D] [E] [F]
32. [A] [B] [C] [D] [E] [F]
33. [A] [B] [C] [D] [E] [F]
34. [A] [B] [C] [D] [E] [F]
35. [A] [B] [C] [D] [E] [F]

36. [A] [B] [C] [D] [E] [F]
37. [A] [B] [C] [D] [E] [F]
38. [A] [B] [C] [D] [E] [F]
39. [A] [B] [C] [D] [E] [F]
40. [A] [B] [C] [D] [E] [F]

■ 中小学生汉语考试 YCT（二级）答题卡 ■

姓名：＿＿＿＿＿＿＿＿＿＿　年龄：＿＿＿＿

性别：＿＿＿＿＿＿　考点代码：＿＿｜＿＿｜＿＿｜＿＿｜＿＿

| 注　意 | 请用2B铅笔这样写：■■ |

考生序号		
	[0] [1] [2] [3] [4] [5] [6] [7] [8] [9]
	[0] [1] [2] [3] [4] [5] [6] [7] [8] [9]
	[0] [1] [2] [3] [4] [5] [6] [7] [8] [9]
	[0] [1] [2] [3] [4] [5] [6] [7] [8] [9]
	[0] [1] [2] [3] [4] [5] [6] [7] [8] [9]

一、听力

1. [√] [X]　　6. [A] [B] [C] [D] [E] [F]　　11. [A] [B] [C]　　16. [A] [B] [C]

2. [√] [X]　　7. [A] [B] [C] [D] [E] [F]　　12. [A] [B] [C]　　17. [A] [B] [C]

3. [√] [X]　　8. [A] [B] [C] [D] [E] [F]　　13. [A] [B] [C]　　18. [A] [B] [C]

4. [√] [X]　　9. [A] [B] [C] [D] [E] [F]　　14. [A] [B] [C]　　19. [A] [B] [C]

5. [√] [X]　　10. [A] [B] [C] [D] [E] [F]　　15. [A] [B] [C]　　20. [A] [B] [C]

二、阅读

21. [√] [X]　26. [A] [B] [C] [D] [E] [F]　31. [A] [B] [C] [D] [E] [F]　36. [A] [B] [C] [D] [E] [F]

22. [√] [X]　27. [A] [B] [C] [D] [E] [F]　32. [A] [B] [C] [D] [E] [F]　37. [A] [B] [C] [D] [E] [F]

23. [√] [X]　28. [A] [B] [C] [D] [E] [F]　33. [A] [B] [C] [D] [E] [F]　38. [A] [B] [C] [D] [E] [F]

24. [√] [X]　29. [A] [B] [C] [D] [E] [F]　34. [A] [B] [C] [D] [E] [F]　39. [A] [B] [C] [D] [E] [F]

25. [√] [X]　30. [A] [B] [C] [D] [E] [F]　35. [A] [B] [C] [D] [E] [F]　40. [A] [B] [C] [D] [E] [F]

■ 中小学生汉语考试 YCT（二级）答题卡 ■

姓名：_____ 年龄：_____

性别：_____ 考点代码：___｜___｜___｜___｜___｜___

考生序号		[0] [1] [2] [3] [4] [5] [6] [7] [8] [9]
		[0] [1] [2] [3] [4] [5] [6] [7] [8] [9]
		[0] [1] [2] [3] [4] [5] [6] [7] [8] [9]
		[0] [1] [2] [3] [4] [5] [6] [7] [8] [9]
		[0] [1] [2] [3] [4] [5] [6] [7] [8] [9]

注意	请用2B铅笔这样写：■■

一、听力

1. [√] [X]　　6. [A] [B] [C] [D] [E] [F]　　11. [A] [B] [C]　　16. [A] [B] [C]

2. [√] [X]　　7. [A] [B] [C] [D] [E] [F]　　12. [A] [B] [C]　　17. [A] [B] [C]

3. [√] [X]　　8. [A] [B] [C] [D] [E] [F]　　13. [A] [B] [C]　　18. [A] [B] [C]

4. [√] [X]　　9. [A] [B] [C] [D] [E] [F]　　14. [A] [B] [C]　　19. [A] [B] [C]

5. [√] [X]　　10. [A] [B] [C] [D] [E] [F]　　15. [A] [B] [C]　　20. [A] [B] [C]

二、阅读

21.[√] [X]　26.[A] [B] [C] [D] [E] [F]　31.[A] [B] [C] [D] [E] [F]　36.[A] [B] [C] [D] [E] [F]

22.[√] [X]　27.[A] [B] [C] [D] [E] [F]　32.[A] [B] [C] [D] [E] [F]　37.[A] [B] [C] [D] [E] [F]

23.[√] [X]　28.[A] [B] [C] [D] [E] [F]　33.[A] [B] [C] [D] [E] [F]　38.[A] [B] [C] [D] [E] [F]

24.[√] [X]　29.[A] [B] [C] [D] [E] [F]　34.[A] [B] [C] [D] [E] [F]　39.[A] [B] [C] [D] [E] [F]

25.[√] [X]　30.[A] [B] [C] [D] [E] [F]　35.[A] [B] [C] [D] [E] [F]　40.[A] [B] [C] [D] [E] [F]

■ 中小学生汉语考试 YCT（二级）答题卡 ■

姓名：_____ 年龄：_____

性别：_____ 考点代码：__|__|__|__|__|__|

注意	请用2B铅笔这样写：▬

考生序号

[0] [1] [2] [3] [4] [5] [6] [7] [8] [9]
[0] [1] [2] [3] [4] [5] [6] [7] [8] [9]
[0] [1] [2] [3] [4] [5] [6] [7] [8] [9]
[0] [1] [2] [3] [4] [5] [6] [7] [8] [9]
[0] [1] [2] [3] [4] [5] [6] [7] [8] [9]

一、听力

1. [√] [X]   6. [A] [B] [C] [D] [E] [F]   11. [A] [B] [C]   16. [A] [B] [C]

2. [√] [X]   7. [A] [B] [C] [D] [E] [F]   12. [A] [B] [C]   17. [A] [B] [C]

3. [√] [X]   8. [A] [B] [C] [D] [E] [F]   13. [A] [B] [C]   18. [A] [B] [C]

4. [√] [X]   9. [A] [B] [C] [D] [E] [F]   14. [A] [B] [C]   19. [A] [B] [C]

5. [√] [X]   10. [A] [B] [C] [D] [E] [F]   15. [A] [B] [C]   20. [A] [B] [C]

二、阅读

21. [√] [X]   26. [A] [B] [C] [D] [E] [F]   31. [A] [B] [C] [D] [E] [F]   36. [A] [B] [C] [D] [E] [F]

22. [√] [X]   27. [A] [B] [C] [D] [E] [F]   32. [A] [B] [C] [D] [E] [F]   37. [A] [B] [C] [D] [E] [F]

23. [√] [X]   28. [A] [B] [C] [D] [E] [F]   33. [A] [B] [C] [D] [E] [F]   38. [A] [B] [C] [D] [E] [F]

24. [√] [X]   29. [A] [B] [C] [D] [E] [F]   34. [A] [B] [C] [D] [E] [F]   39. [A] [B] [C] [D] [E] [F]

25. [√] [X]   30. [A] [B] [C] [D] [E] [F]   35. [A] [B] [C] [D] [E] [F]   40. [A] [B] [C] [D] [E] [F]

■ 中小学生汉语考试 YCT（二级）答题卡 ■

姓名：_____ 年龄：_____

性别：_____ 考点代码：__|__|__|__|__

考生序号	[0] [1] [2] [3] [4] [5] [6] [7] [8] [9]
	[0] [1] [2] [3] [4] [5] [6] [7] [8] [9]
	[0] [1] [2] [3] [4] [5] [6] [7] [8] [9]
	[0] [1] [2] [3] [4] [5] [6] [7] [8] [9]
	[0] [1] [2] [3] [4] [5] [6] [7] [8] [9]

注意 | 请用2B铅笔这样写：■■■

一、听 力

1. [√] [X]　　6. [A] [B] [C] [D] [E] [F]　　11. [A] [B] [C]　　16. [A] [B] [C]

2. [√] [X]　　7. [A] [B] [C] [D] [E] [F]　　12. [A] [B] [C]　　17. [A] [B] [C]

3. [√] [X]　　8. [A] [B] [C] [D] [E] [F]　　13. [A] [B] [C]　　18. [A] [B] [C]

4. [√] [X]　　9. [A] [B] [C] [D] [E] [F]　　14. [A] [B] [C]　　19. [A] [B] [C]

5. [√] [X]　　10. [A] [B] [C] [D] [E] [F]　　15. [A] [B] [C]　　20. [A] [B] [C]

二、阅 读

21. [√] [X]　26. [A] [B] [C] [D] [E] [F]　31. [A] [B] [C] [D] [E] [F]　36. [A] [B] [C] [D] [E] [F]

22. [√] [X]　27. [A] [B] [C] [D] [E] [F]　32. [A] [B] [C] [D] [E] [F]　37. [A] [B] [C] [D] [E] [F]

23. [√] [X]　28. [A] [B] [C] [D] [E] [F]　33. [A] [B] [C] [D] [E] [F]　38. [A] [B] [C] [D] [E] [F]

24. [√] [X]　29. [A] [B] [C] [D] [E] [F]　34. [A] [B] [C] [D] [E] [F]　39. [A] [B] [C] [D] [E] [F]

25. [√] [X]　30. [A] [B] [C] [D] [E] [F]　35. [A] [B] [C] [D] [E] [F]　40. [A] [B] [C] [D] [E] [F]

YCT 2급
부록

1. 테마 학습 연습문제 녹음 스크립트

2. 실전 모의고사 녹음 스크립트

3. 테마 학습 연습문제 정답

4. 실전 모의고사 정답

5. YCT 1급, 2급 필수어휘 150

14p

1. 我的同学
2. 我们是学生。
3. 我是学生。
4. 老师好!
5. 他不是学生。

20p

1. A: 你认识他吗?
   B: 我不认识他。
2. A: 她是中国人吗?
   B: 是, 她是中国人。
3. 你叫什么名字?

26p

1. 我和哥哥
2. 我家有四口人。
3. 妈妈爱我。
4. 他是我弟弟。
5. 我有姐姐和妹妹。

32p

1. A: 你弟弟几岁?
   B: 他一岁。
2. A: 你家有几口人?
   B: 我家有五口人。
3. 他们是同学吗?

38p

1. 两只猫
2. 我家有三只小猫。
3. 那是我家的小狗。
4. 我爱熊猫。
5. 这是谁的鸟?

44p

1. A: 明天天气怎么样?
   B: 很冷。
2. A: 她是中国人吗?
   B: 是的, 她是北京人。
3. 今天天气怎么样?

50p

1. 十八号
2. 今天是三十号。
3. 星期六真热。
4. 八月八号是星期天。
5. 一月二十号很冷。

56p

1. A: 谁的头发长?
   B: 妹妹的头发长。
2. A: 哥哥的个子高吗?
   B: 不, 姐姐的个子高。
3. 他的个子高吗?

62p

1. 一个书包
2. 我的书包怎么样?
3. 我爱看电视。
4. 他的个子比我高很多。
5. 我的书不多。

68p

1. A: 你喜欢哪个书包?
   B: 我喜欢红色的。
2. A: 那个桌子怎么样?
   B: 真漂亮，我很喜欢。
3. 我不喜欢黄色，你呢?

74p

1. 吃米饭
2. 我很爱吃包子。
3. 我要吃面条。
4. 妹妹喝牛奶。
5. 小鱼喜欢水。

80p

1. A: 你去学校吗?
   B: 不，我去医院。
2. A: 你的哥哥是医生吗?
   B: 是的，他是医生。
3. 弟弟在房间吗?

86p

1. 买牛奶
2. 我要买苹果。
3. 绿色的书包多少钱?
4. 这个椅子怎么样?
5. 我有中国钱。

92p

1. A: 他在做什么?
   B: 他在打篮球。
2. A: 你家的小鸟会说话吗?
   B: 不会。
3. 你会说汉语吗?

98p

1. 十二点二十
2. 我们一点见。
3. 妹妹在睡觉。
4. 早上八点起床。
5. 我可以吃香蕉吗?

★ 실전 모의고사 **1회** ★

第一部分

1. 很多鱼

2. 妈妈是老师

3. 吃面条

4. 九点二十

5. 不高兴

第二部分

6. 这个书包很漂亮。

7. 有两只熊猫。

8. 我喝茶，你呢?

9. 我有很多铅笔。

10. 他不喜欢吃面条。

第三部分

11. A: 你的妹妹喜欢小猫吗?
    B: 她喜欢小猫。

12. A: 谁的头发长?
    B: 姐姐的头发长。

13. A: 你要苹果吗?
    B: 要，我可以要两个吗?

14. A: 这个桌子多少钱?
    B: 五十块。

15. A: 现在去学校吗?
    B: 不，我去打篮球。

第四部分

16. 你弟弟几岁了?

17. 我要买包子。

18. 那只鸟会说话吗?

19. 对不起!

20. 这是谁的书包?

★ 실전 모의고사 **2회** ★

第一部分

1. 看书

2. 一只狗

3. 不高兴

4. 很多

5. 两点五分

第二部分

6. 弟弟在睡觉。

7. 今天真的很热。

8. 我觉得小鸟很漂亮。

9. 他们在说话。

10. 现在4点15分。

第三部分

11. A: 他在吃什么呢?
    B: 他在吃面条。

12. A: 这个多少钱?
    B: 这个5块。

13. A: 小狗在哪儿呢?
    B: 小狗在椅子上面。

14. A: 今天我们去打篮球吗?
    B: 好的。下午2点见。

15. A: 她妹妹今年几岁?
    B: 今年一岁。

第四部分

16. 你觉得哪个好?

17. 妈妈在家吗?

18. 5个香蕉多少钱?

19. 你妹妹个子高吗?

20. 你认识他吗?

★ 실전 모의고사 3회 ★

第一部分

1. 打篮球
2. 很高兴
3. 长鼻子
4. 两只小猫
5. 真热

第二部分

6. 爸爸在看电视。
7. 我的同学爱喝茶。
8. 姐姐的头发比我长。
9. 这个书包50块。
10. 今天是星期五。

第三部分

11. A: 今天晚上吃面条好吗?
    B: 好的，我喜欢吃面条。

12. A: 你家有小鱼吗?
    B: 有很多。

13. A: 你在画什么?
    B: 画几个苹果。

14. A: 弟弟起床了吗?
    B: 起床了，在喝牛奶呢。

15. A: 你认识他吗?
    B: 我和他是好朋友。

第四部分

16. 你明天几点去医院?
17. 明天天气冷吗?
18. 这是你的汉语书吗?
19. 哥哥去哪儿了?
20. 妈妈和谁说话呢?

★ 실전 모의고사 4회 ★

第一部分

1. 吃包子
2. 长耳朵
3. 四只小鸟
4. 很冷
5. 姐姐和弟弟

第二部分

6. 我妹妹爱喝牛奶。
7. 你的手怎么了?
8. 桌子上有一个苹果。
9. 她们两个是同学。
10. 不要说话，弟弟在睡觉。

第三部分

11. A: 你去哪儿?
    B: 我去商店买铅笔。

12. A: 她是我的朋友。
    B: 她的眼睛很漂亮。

13. A: 你早上几点起床?
    B: 我早上八点起床。

14. A: 明天几号?
    B: 明天25号。

15. A: 医院里有几个人?
    B: 一，二，三，有三个人。

第四部分

16. 妈妈做的面条怎么样?
17. 你汉语学了几年了?
18. 你认识她吗?
19. 我可以坐吗?
20. 红色和绿色，哪个好呢?

14p	26p	38p	50p
1. ✓	1. ✕	1. ✕	1. ✕
2. C	2. C	2. B	2. C
3. A	3. A	3. D	3. A
4. D	4. B	4. A	4. B
5. B	5. D	5. C	5. D

15p	27p	39p	51p
1. ✓	1. ✓	1. ✓	1. ✕
2. B	2. B	2. B	2. B
3. A	3. A	3. A	3. A

20p	32p	44p	56p
1. C	1. B	1. C	1. B
2. A	2. C	2. A	2. A
3. B	3. C	3. C	3. B

21p	33p	45p	57p
1. B	1. B	1. A	1. B
2. A	2. A	2. B	2. A
3. A	3. B	3. A	3. B
4. B	4. A	4. B	4. A

62p

1. ✓
2. B
3. C
4. D
5. A

63p

1. ×
2. A
3. B

68p

1. C
2. B
3. A

69p

1. B
2. A
3. B
4. A

74p

1. ×
2. D
3. A
4. C
5. B

75p

1. ×
2. A
3. B

80p

1. A
2. C
3. C

81p

1. A
2. B
3. B
4. A

86p

1. ×
2. B
3. C
4. D
5. A

87p

1. ×
2. B
3. A

92p

1. C
2. B
3. B

93p

1. A
2. B
3. B
4. A

98p

1. ×
2. A
3. B
4. D
5. C

99p

1. ✓
2. A
3. B

★ 실전 모의고사 1회 ★

一、听力

第一部分

1. ✕   2. ✓   3. ✓   4. ✕   5. ✓

第二部分

6. E   7. B   8. A   9. F   10. D

第三部分

11. A   12. A   13. C   14. B   15. C

第四部分

16. C   17. B   18. A   19. B   20. A

二、阅读

第一部分

21. ✓   22. ✓   23. ✕   24. ✕   25. ✓

第二部分

26. B   27. D   28. C   29. A   30. E

第三部分

31. D   32. F   33. E   34. A   35. B

第四部分

36. A   37. B   38. F   39. C   40. E

★ 실전 모의고사 2회 ★

一、听力

第一部分

1. ✕   2. ✕   3. ✓   4. ✓   5. ✕

第二部分

6. A   7. D   8. E   9. F   10. B

第三部分

11. B   12. C   13. B   14. A   15. C

第四部分

16. A   17. B   18. B   19. A   20. C

二、阅读

第一部分

21. ✕   22. ✕   23. ✓   24. ✓   25. ✕

第二部分

26. B   27. A   28. E   29. C   30. D

第三部分

31. F   32. A   33. B   34. E   35. D

第四部分

36. C   37. B   38. A   39. E   40. F

★ 실전 모의고사 3회 ★

一、听力

第一部分

1. ✕　2. ✓　3. ✓　4. ✕　5. ✕

第二部分

6. E　7. B　8. A　9. F　10. D

第三部分

11. A　12. B　13. B　14. C　15. A

第四部分

16. C　17. C　18. A　19. C　20. A

二、阅读

第一部分

21. ✓　22. ✕　23. ✓　24. ✓　25. ✓

第二部分

26. B　27. E　28. A　29. D　30. C

第三部分

31. E　32. F　33. A　34. B　35. D

第四部分

36. B　37. A　38. C　39. E　40. F

★ 실전 모의고사 4회 ★

一、听力

第一部分

1. ✓　2. ✓　3. ✓　4. ✕　5. ✕

第二部分

6. B　7. D　8. F　9. E　10. A

第三部分

11. C　12. A　13. A　14. C　15. C

第四部分

16. A　17. B　18. A　19. C　20. C

二、阅读

第一部分

21. ✕　22. ✕　23. ✓　24. ✓　25. ✓

第二部分

26. C　27. D　28. E　29. A　30. B

第三部分

31. E　32. B　33. A　34. D　35. F

第四部分

36. F　37. C　38. B　39. E　40. A

A

| 爱 | ài | 동 사랑하다 | 1급 |

B

八	bā	수 여덟, 8	1급
爸爸	bàba	명 아빠, 아버지	1급
包子	bāozi	명 (소가 든) 찐빵	2급
北京	Běijīng	명 북경(중국의 수도)	2급
鼻子	bízi	명 코	1급
比	bǐ	동 비교하다 개 ~에 비해, ~보다	2급
不客气	búkèqi	겸 천만에요, 별 말씀을요	2급
不	bù	부 (부정, 불가능을 나타냄) 아니, 아니요	1급

C

茶	chá	명 차	2급
长	cháng	형 (길이, 시간) 길다	1급
吃	chī	동 먹다	1급

D

打篮球	dǎ lánqiú	동 농구를 하다	2급
大	dà	형 (부피, 면적 등) 크다, 넓다	1급
的	de	조 ~의, ~의 것	1급
点	diǎn	양 (시간) 시	1급
弟弟	dìdi	명 남동생	2급
电视	diànshì	명 텔레비전	2급

对不起	duìbuqǐ	동 미안하다, 죄송하다	2급
多	duō	형 (수량이) 많다 부 얼마나, 얼마만큼	1급
多少	duōshao	부 얼마간	2급

E

| 耳朵 | ěrduo | 명 귀 | 1급 |
| 二 | èr | 수 2, 둘 | 1급 |

F

| 房间 | fángjiān | 명 방 | 2급 |
| 分钟 | fēnzhōng | 명 분 | 2급 |

G

高	gāo	형 높다 명 높이	1급
高兴	gāoxìng	형 기쁘다, 즐겁다 동 ~하기를 좋아하다	1급
哥哥	gēge	명 오빠, 형	1급
个	gè	양 개, 사람, 명	1급
个子	gèzi	명 (사람의) 키, 체격	1급
狗	gǒu	명 개	1급

H

汉语	Hànyǔ	명 중국어	2급
好	hǎo	형 좋다, 훌륭하다 부 엄청	1급
好吃	hǎochī	형 맛있다	2급
号	hào	명 (날짜) 일 명 (번호) 호	1급

喝	hē	동 마시다	1급
和	hé	개 ~와, ~과	1급
很	hěn	부 매우, 아주	1급
红	hóng	형 붉다, 빨갛다	2급
画	huà	동 (그림을) 그리다 명 그림	2급
黄	huáng	형 노랗다	2급
会	huì	조동 ~할 수 있다, ~할 것이다	2급

J

几	jǐ	수 (10 이하를 물을 때) 몇	1급
家	jiā	명 집, 가정, 집안	1급
脚	jiǎo	명 발	2급
叫	jiào	동 부르다, 외치다, 불리다	1급
姐姐	jiějie	명 누나, 언니	1급
今天	jīntiān	명 오늘	1급
九	jiǔ	수 9, 아홉	1급
觉得	juéde	동 ~라고 여기다, 생각하다	2급

K

看	kàn	동 보다, 구경하다	1급
可以	kěyǐ	동 ~할 수 있다, 가능하다, ~해도 좋다	2급
口	kǒu	양 사람 명 입, 식구	1급
块	kuài	양 중국의 화폐 단위	2급

L

| 来 | lái | 동 오다 | 2급 |

老师	lǎoshī	명 교사, 선생님	1급
了	le	조 동작이 완료됨을 나타냄	2급
冷	lěng	형 춥다, 차다	2급
两	liǎng	수 둘	2급
里面	lǐmiàn	명 안, 안쪽, 속	2급
零	líng	수 0, 영	2급
六	liù	수 6, 여섯	1급
绿	lǜ	형 녹색의, 초록색의	2급

M

妈妈	māma	명 엄마, 어머니	1급
吗	ma	조 ~이니?, ~입니까?	1급
买	mǎi	동 사다	2급
猫	māo	명 고양이	1급
没关系	méiguānxi	괜찮다, 상관 없다, 문제 없다	2급
没有	méiyǒu	동 없다, 가지고 있지 않다	2급
妹妹	mèimei	명 여동생	2급
面条	miàntiáo	명 국수	1급
米饭	mǐfàn	명 쌀밥	1급
明天	míngtiān	명 내일	1급
名字	míngzi	명 이름	2급

N

| 哪(哪儿) | nǎ(nǎr) | 대 무엇, 어느 대 (哪儿) 어느 곳, 어디 | 1급 |
| 那(那儿) | nà(nàr) | 대 그, 저 대 (那儿) 그곳, 저곳 | 1급 |

呢	ne	图 ~는(의문문 뒤에 쓰여 강조를 나타냄)	2급
你	nǐ	団 너, 당신	1급
年	nián	명 년 양 년, 해	2급
鸟	niǎo	명 새	1급
牛奶	niúnǎi	명 우유	1급

P

朋友	péngyou	명 친구	2급
漂亮	piàoliang	형 예쁘다, 아름답다	2급
苹果	píngguǒ	명 사과	1급

Q

七	qī	수 7, 일곱	1급
起床	qǐchuáng	동 (잠자리에서) 일어나다	2급
铅笔	qiānbǐ	명 연필	2급
钱	qián	명 돈 명 화폐	2급
请	qǐng	동 청하다, 부탁하다 동 ~하세요	2급
去	qù	동 가다, 떠나다	1급

R

| 热 | rè | 형 덥다, 뜨겁다 | 2급 |
| 认识 | rènshi | 동 알다, 인식하다 | 1급 |

S

| 三 | sān | 수 3, 셋 | 1급 |

上边	shàngbian	명 위쪽, 위	2급
商店	shāngdiàn	명 상점	1급
谁	shéi	団 누구, 누가	1급
什么	shénme	団 무엇, 어떤, 어느	1급
十	shí	수 10, 열	1급
是	shì	형 맞다, 옳다 동 옳다고 여기다 동 ~이다	1급
手	shǒu	명 손	1급
书包	shūbāo	명 책가방	2급
水	shuǐ	명 물	1급
睡觉	shuìjiào	동 (잠을) 자다	2급
说话	shuōhuà	동 말하다, 이야기하다	2급
四	sì	수 4, 넷	1급
岁	suì	양 살, 세(연령을 세는 단위)	1급

T

他	tā	団 그, 그 사람	1급
她	tā	団 그녀, 그 여자	1급
天气	tiānqì	명 날씨	2급
同学	tóngxué	명 학교 친구, 학우, 동창	2급
头发	tóufa	명 머리카락, 두발	1급

W

玩儿	wánr	동 놀다, 즐기다	2급
晚上	wǎnshang	명 저녁	2급
我	wǒ	団 나, 저	1급

| 我们 | wǒmen | 때 우리 | 1급 |
| 五 | wǔ | 준 5, 다섯 | 1급 |

X

香蕉	xiāngjiāo	명 바나나	2급
现在	xiànzài	명 지금, 현재	1급
喜欢	xǐhuan	동 좋아하다, 호감을 가지다 형 기뻐하다, 즐거워하다	1급
小	xiǎo	형 작다, 어리다	1급
谢谢	xièxie	동 감사합니다, 고맙습니다	1급
星期	xīngqī	명 요일, 주일	1급
熊猫	xióngmāo	명 판다	2급
学生	xuésheng	명 학생	2급
学习	xuéxí	동 학습하다, 공부하다, 배우다	2급
学校	xuéxiào	명 학교	1급

Y

眼睛	yǎnjing	명 눈	1급
颜色	yánsè	명 색, 색깔	2급
要	yào	동 원하다, 필요하다 조동 ~할 것이다, ~하려고 하다	2급
也	yě	부 ~도 또한, ~도 역시	2급
一	yī	준 1, 하나	1급
医生	yīshēng	명 의사	2급
医院	yīyuàn	명 병원	2급
椅子	yǐzi	명 의자	2급

有	yǒu	동 있다 (존재를 나타냄) 동 가지고 있다, 소유하다	1급
鱼	yú	명 물고기	1급
月	yuè	명 달, 월	1급

Z

在	zài	동 존재하다, 생존하다 동 ~에 있다 개 ~에	1급
再见	zàijiàn	동 또 뵙겠습니다, 안녕히 계십시오, 안녕	1급
早上	zǎoshang	명 아침	2급
怎么	zěnme	때 어째서, 어떻게, 왜	2급
怎么样	zěnmeyàng	어떻다, 어떠하다	2급
这(这儿)	zhè(zhèr)	때 이, 이것 때 이곳, 여기	1급
真	zhēn	부 참으로, 확실히 형 사실이다, 정확하다	2급
只	zhī	양 마리(짐승을 세는 단위)	2급
中国人	Zhōngguó rén	명 중국인	1급
桌子	zhuōzi	명 탁자, 테이블	2급
昨天	zuótiān	명 어제	2급
坐	zuò	동 앉다 동 (교통을) 타다	2급
做	zuò	동 하다, 종사하다 동 만들다, 제작하다	2급

어린이
YCT
붕붕
2급

YCT 필수어휘
쓰기노트

老师
lǎoshī 선생님

老	师			

学生
xuésheng 학생

学	生			

同学
tóngxué 학교 친구

同	学			

我
wǒ 나

我				

你 nǐ 너

你					

我们 wǒmen 우리

我	们				

吗 ma ~입니까?

吗					

是 shì ~이다, 맞다

是					

不

bù ~아니다, 아니요

不			

的

de ~의, ~의 것

的			

再见

zàijiàn 잘 가

再	见		

2 | 소개 你叫什么名字?

叫

jiào 부르다

叫			

名字

míngzi 이름

名字

什么

shénme 무엇, 어떤

什么

认识

rènshi 알다

认识

高兴

gāoxìng 기쁘다

高兴

很

hěn 매우, 아주

很

也

yě ~도

也

中国人

Zhōngguó rén 중국인

中 国 人

朋友

péngyou 친구

朋 友

好 hǎo 좋다

好

他 tā 그

他

她 tā 그녀

她

有 yǒu 있다

有

爸爸 bàba 아빠

爸	爸		

妈妈 māma 엄마

妈	妈		

哥哥 gēge 오빠, 형

哥	哥		

姐姐 jiějie 누나, 언니

姐	姐		

妹妹

meimei 여동생

妹 妹

弟弟

dìdi 남동생

弟 弟

谁

shéi 누구

谁

爱

ài 사랑하다

爱

没有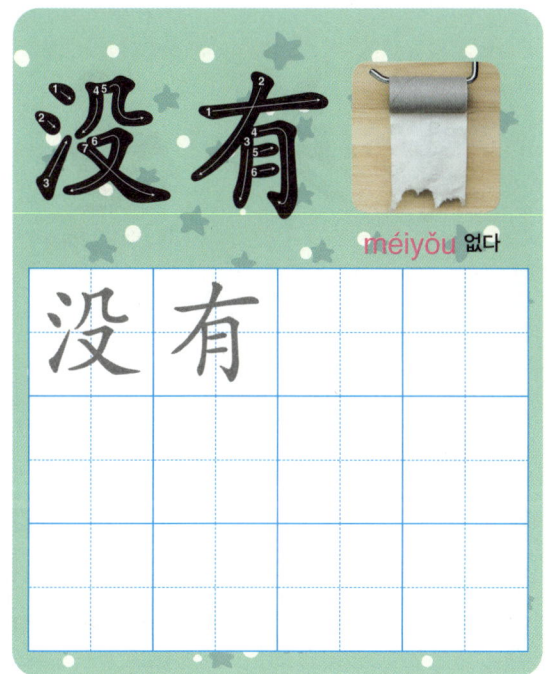
méiyǒu 없다

没	有			

家
jiā 가족, 집

家				

几
jǐ 몇

几				

口
kǒu 입, 식구

口				

和

hé ~와

和				

零

líng 0, 영

零				

yī 1, 하나

一				

èr 2, 둘

二				

sān 3, 셋

三

sì 4, 넷

四

wǔ 5, 다섯

五

liù 6, 여섯

六

qī 7, 일곱

七

bā 8, 여덟

八

jiǔ 9, 아홉

九

shí 10, 열

十

个

gè 개, 명

个

岁

suì 살, 세

岁

两

liǎng 둘

两

这

zhè 이, 이것

这

那

nà 그, 그것

那

狗

gǒu 개

狗

猫

māo 고양이

猫

鸟

niǎo 새

鸟

鱼
yú 물고기

鱼

熊猫
xióngmāo 판다

熊 猫

只
zhī 마리

只

大
dà 크다

大

小

xiǎo 작다, 어리다

小

谢谢

xièxie 고마워

谢 谢

不客气

búkèqi 천만에

不 客 气

天气

tiānqi 날씨

天 气

怎么样

zěnmeyàng 어때

怎	么	样		

今天

jīntiān 오늘

今	天			

昨天

zuótiān 어제

昨	天			

明天
míngtiān 내일

明	天			

热

rè 덥다

热				

冷

lěng 춥다

冷				

北京

Běijīng 북경

北	京			

真

zhēn 진실로

真				

対不起

duìbuqǐ 미안해

对	不	起	

没关系

méiguānxi 괜찮아

没	关	系	

7 | 요일 今天是星期二。

号

hào 일, 번

号			

月

yuè 월

月			

年

nián 년, 해

年					

星期

xīngqī 요일

星	期				

8 | **신체** 她的眼睛很大。

眼睛

yǎnjing 눈

眼	睛			

鼻子

bízi 코

鼻	子			

耳朵
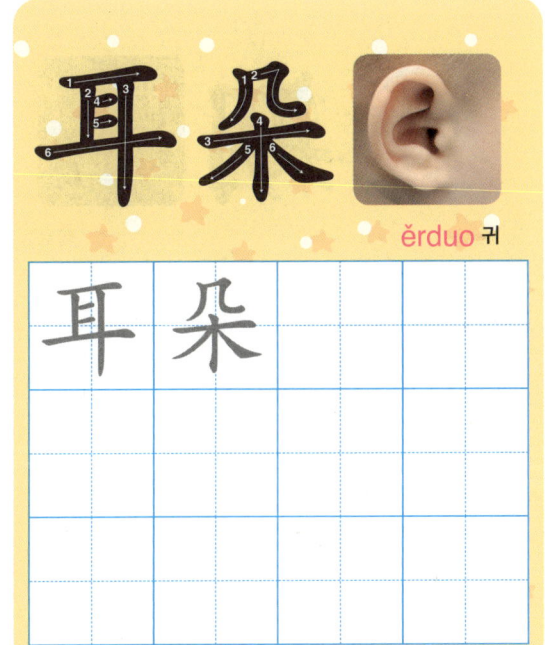
ěrduo 귀

耳	朵			

头发
머리카락 사진
tóufa 머리카락

头	发			

手

shǒu 손

手				

脚

jiǎo 발

脚				

个子 gèzi 키

个 子

长 cháng 길다

长

高 gāo 높다

高

比 bǐ ~보다, 비교하다

比

哪儿

nǎr 어디, 어느 곳

哪	儿			

电视

diànshì 텔레비전

电	视			

铅笔

qiānbǐ 연필

铅	笔			

书包

shūbāo 책가방

书	包			

桌子 zhuōzi 책상

桌	子			

椅子 yǐzi 의자

椅	子			

里面 lǐmiàn 안쪽, 안

里	面			

上边 shàngbian 위쪽, 위

上	边			

在

zài 있다, ~하고 있다

在				

多

duō 많다

多				

10 | 색깔 你喜欢什么颜色?

颜色

yánsè 색깔

颜	色			

喜欢

xǐhuan 좋아하다

喜	欢			

红

hóng 빨강

红			

黄

huáng 노랑

黄			

绿

lǜ 초록

绿			

漂亮

piàoliang 예쁘다

漂	亮		

呢
ne ~는?

呢					

吃
chī 먹다

吃					

喝
hē 마시다

喝					

米饭
mǐfàn 밥

米	饭				

面条 miàntiáo 국수

面	条				

包子 bāozi 찐빵

包	子				

好吃 hǎochī 맛있다

好	吃				

水 shuǐ 물

水					

牛奶

niúnǎi 우유

牛 奶

茶

chá 차

茶

要

yào 원하다

要

觉得

juéde ~라고 생각하다

觉 得

去

qù 가다

去

来

lái 오다

来

商店

shāngdiàn 상점

商店

学校

xuéxiào 학교

学校

医院
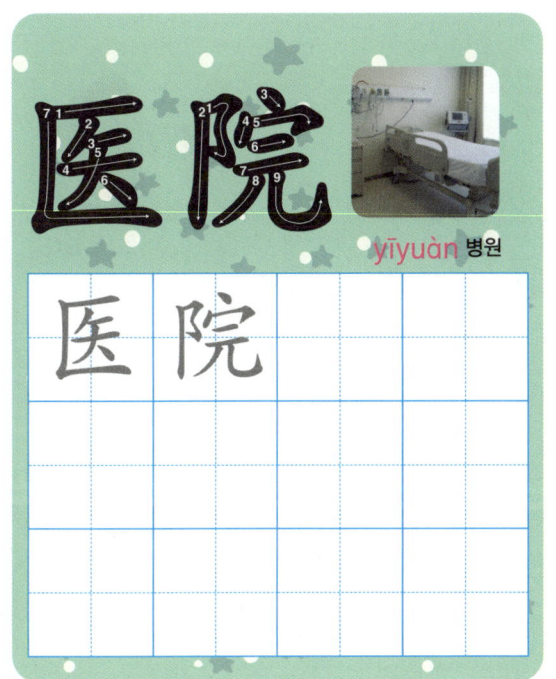
yīyuàn 병원

医	院			

房间

fángjiān 방

房	间			

这儿

zhèr 여기, 이곳

这	儿			

那儿

nàr 저기, 그곳

那	儿			

医生　yīshēng 의사

医	生			

了　le 동작의 완료

了				

13 구매 这个多小钱?

买　mǎi 사다

买				

多少　duōshao 얼마

多	少			

qián 돈

钱				

kuài 화폐 단위, 위안

块				

píngguǒ 사과

苹	果			

xiāngjiāo 바나나

香	蕉			

14 | 동사 我会说汉语。

玩儿

wánr 놀다

玩	儿			

打篮球

dǎ lánqiú 농구를 하다

打	篮	球		

学习

xuéxí 공부하다

学	习			

画

huà 그리다, 그림

画				

Hànyǔ 중국어

汉	语				

shuōhuà 말하다

说	话				

kàn 보다

看					

zuò 하다

做					

会

huì 할 수 있다

会					

请

qǐng 부탁하다, ~하세요

请					

坐

zuò 앉다

坐					

怎么

zěnme 어떻게, 어째서

怎 么					

现 在
xiànzài 지금

现 在

点
diǎn 시

点

分 钟
fēnzhōng 분

分 钟

早 上
zǎoshang 아침

早 上

晚上

wǎnshang 저녁

晚	上		

起床

qǐchuáng 일어나다

起	床		

睡觉

shuìjiào 잠자다

睡	觉		

可以

kěyǐ 가능하다

可	以		

동양북스 채널에서 더 많은 도서
더 많은 이야기를 만나보세요!

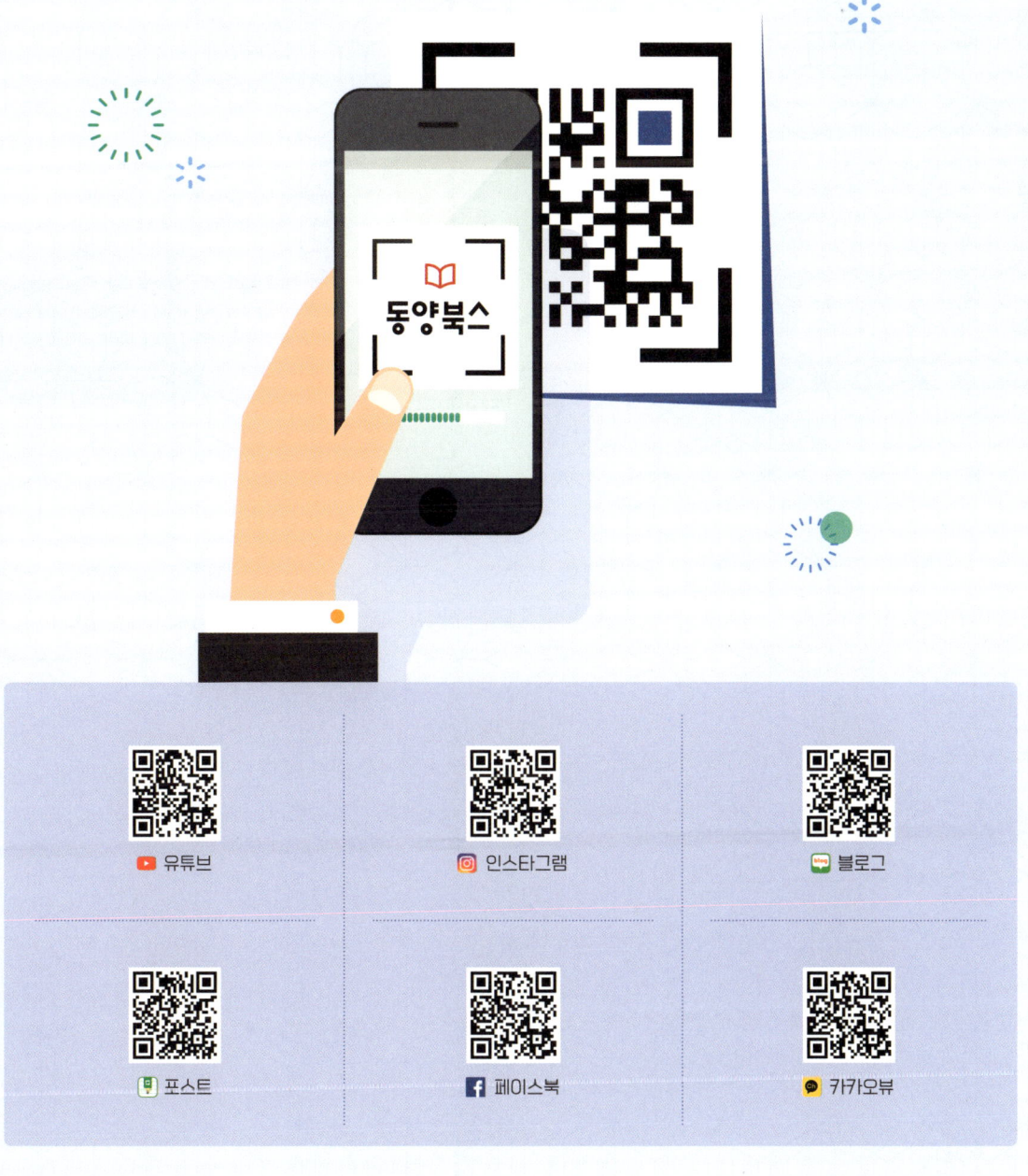

외국어 출판 45년의 신뢰
외국어 전문 출판 그룹
동양북스가 만드는 책은 다릅니다.

45년의 쉼 없는 노력과 도전으로 책 만들기에 최선을 다해온
동양북스는 오늘도 미래의 가치에 투자하고 있습니다.
대한민국의 내일을 생각하는 도전 정신과 믿음으로 최선을 다하겠습니다.

동양북스